良心学入門

良心学入門

同志社大学 良心学研究センター【編】

An Introduction to the Study of Conscience

岩波書店

目次

総 説　良心学とは何か

小原克博

一　なぜ今「良心」を問うのか

「良心」とは何か。そして、なぜ今それを問う必要があるのか。これらの問いに答えるための学際的な取り組みが「良心学」である。

「良心学」の細部や良心の概念的な説明に入る前に、我々が置かれている時代状況の中に「良心」の役割を位置づけることから始めてみたい。二一世紀に入って、世界のグローバル化は加速し、政治・経済・文化の相互交流を促したが、それは必ずしもコスモポリタン的な人類共通の価値を生み出すわけではなく、むしろ、昨今目立っているのは、グローバル化に抗うような形で生じている排外主義的なナショナリズムや宗教的な過激主義などの興隆であろう。価値の多元化は社会に活力をもたらす可能性をもつが、価値観の違いが様々な軋轢と対立(最悪の場合には武力衝突)を生み出している現実を看過することはできない。また、グローバル化の副産物の一つに人口移動があるが、それはいつも自発的なものであるとは限らない。自ら望んだのではなく、命の危機から逃れるために国外脱出を余儀なくされた難民をとりまく問題は、世界の良心にその深刻さを訴えている。

他方、お金さえ出せば、欲しいだけ食物やサービスを消費することのできる時代において、現代人の消費欲求はとどまることを知らない。そうした「消費文化」は、経済成長を至上課題とする資本主義システムに乗って、地球全体を席巻している。それは現代におけるグローバルな「宗教」と言ってよいほどに、人々の心をとらえている。また、科学技術によってもたらされる短期的なコスト・ベネフィットの誘惑に現代人は引き込まれやすい。しかし、科学は必ずしも価値中立的ではなく、技術は鋭利な石器から原子力に至るまで、常に諸刃の剣である(よい目的にも、悪い目的にも利用される)ことを考えれば、科学技術に対する倫理的視座を欠くことはできない。

こうした現代世界の課題を前にして、一人の人間が良心を痛めたところで、事態を改善するためにできることなど何もないと考えるかもしれない。しかし、一人ひとりの良心をつなぎ合わせ、それぞれの場で実践することができれば、世界の「見え方」は変わってくるのではないか。価値の多元化の中で、対立が激化し、敵・味方の二元論が勢いを増す時代において、また、痛ましい出来事や地球規模の危機的状況があっても、無関心という応答をしがちな時代において、良心の働きを人類史的な課題を担った営為として再考することは意味のあることではないだろうか。

一人ひとりの中にある(時に眠っている)良心の力を覚醒させ、我々の日常や現代世界が抱えている諸問題の解決に寄与するためには、様々な「知」の連携と「知」の実践が欠かせない。しかし、価値が多元化しているのと並行して、学問領域は細分化し、隣接諸分野の連携すら困難になりつつある。知のネットワークが機能不全に陥ることは、社会にとって大きな損失であるだけでなく、危機でもある(福島第一原発の事故の人為的側面はまさにその実例である)。良心をめぐる思索においては「共通善」の探究もなされてきた。異なる学問領域を架橋する場として、良心をめぐる思想的蓄積を現代において活かすことができないだろうか。

時代や地域によって「良心」の理解や解釈の違いがあることは言うまでもないが、「良心」をめぐって、人間の心(意識)のあり方、人間の相互関係、超越者との関係に関心が向けられてきた。その意味では、良心は「道徳」や「倫理」、「尊厳」、「意識」(認知能力)、「利他主義」、「宗教」(宗教間対話)、「グローバル・エシックス」なども隣接する概念である。「良心」やその隣接概念を共通のプラットフォームにしながら、現代において「良心」を学際的に研究し、それを日常生活において実践していくための新たな学問的基盤を提供するものとして「良心学」を考えていきたい。その前提となる「良心」概念の思想史的系譜を次に素描する。

二　良心概念の思想史的系譜

西洋史における良心

英語の conscience はギリシア思想に由来する長い系譜を有しており、日本では一九世紀末に「良心」という定訳を与えられることになった。文献的に確認される初出はブリッジマン・カルバートソン訳『新約聖書』(一八六三年)と言われている。訳語としての「良心」が『孟子』から取られたことからもわかるように、日本語の「良心」は儒教的な性善説の系譜の中にある。現代の我々が使っている「良心」という言葉に、このような西洋と東洋の思想史的系譜があることを理解した上で、そのハイブリッドな意味合いを積極的に考えてみたい。

西洋概念としての良心の原義は「共に知る」である。西欧語にある conscience(コンシエンス)の元になったのは、ラテン語の conscientia(コンスキエンティア)であり、con(共に)と scire(知る)から成り立っている。さらにコンスキエンティアの元になったのはギリシア語の συνείδησις(シュネイデーシス)であり、やはり

συν(共に)とειδω(知る)から構成されている。西洋史においては、ソクラテスからハイデッガーやヤスパースに至るまで、良心をめぐる多様な解釈が展開されていったが、良心の原義を「共に知る」として理解しておくことは重要である。その原義のレベルにおいては、日本語の「良心」の語感との差が際立つからである。そこには「良い」「悪い」という価値判断が入っていない。善悪の判断を早々に下すのではなく、まず「共に知る」ということは、善悪や敵・味方のレッテルを貼ることに性急な現代においては、いっそう価値があると思われる。

問題は「誰と」共に知るのかである。概観すれば、西洋史においては以下の三者が考えられてきた。

（1）内なる他者(自己)と「共に知る」――個人的良心

ソクラテスら古代ギリシアの哲学者たちは「良心」という言葉こそ用いないものの、内なる他者としての自己の声に耳を傾けることを重視し、「良心」の起源についての探究をしている。こうした、自己の内面に向かう良心を「個人的良心」と呼ぶことができるだろう。キケロやセネカら、ストア派の哲学者たちは理性と自由に良心の根源を求めた。この考え方は、デカルト、カント、ニーチェらに見られるように、近世以降、再度強くなっていくが、こうした思想的な系譜の中から、「個人の尊厳」や「良心の自由」といった近代的な考えも出てくることになる。

（2）外部の他者(第三者)と「共に知る」――社会的良心

自己の内面と対話し、逡巡しながら、意思決定していく良心のプロセスは重要であるが、それが外部との関係を持たなければ、独善に陥る危険性もある。個人が内心に従って良心的判断をしたとしても、それがすべての行為を正当化できるわけではない。他者と課題を共有し、個人の判断・行動が他者や社会に対して、どのような影響を及ぼすのかを考え、他者からフィードバックを得る良心の力を「社会的良心」(良心の社会的次元)と呼ぶことができる。

かつて、科学者がその良心に従って原子爆弾の開発を進めたり、人体実験を行ったりした時代があった。閉ざされた科学コミュニティの中では正当化されることも、より広い社会的・歴史的文脈で考えれば、道徳的に許されない場合もある。社会的良心の次元を欠いた個人的良心は、道徳的相対主義(および、その結果としての自己正当化)に陥りやすいことにも注意を向ける必要がある。

(3)　神(超越的他者)と「共に知る」——信仰的良心

すでに古代ギリシアにおいて神託に聞くという伝統はあったが、ヨーロッパで四世紀以降、キリスト教が支配的な宗教となってから、西洋思想史において超越的他者としての神と「共に知る」伝統が形成されていく。ただし、神の声を代弁したのは実際には教会であった。その背景には、人間は罪深く、自分自身では善悪の判断もできないので、教会の権威に従うべきだという考え方があった。他方、プロテスタント宗教改革は、教会や聖職者という仲介者なしに、個人は神の前に立つことができるとした(万人祭司説)。宗派による理解の違いがあるとはいえ、キリスト教信仰に基づいた「信仰的良心」の形成は、後の「信教(信仰)の自由」や個人主義を準備することになった。

以上説明してきた良心概念は、西洋史と結びついた固有性を持つ一方、個人的良心、社会的良心、信仰的良心を広い意味で受けとめれば、非西洋圏においても呼応する普遍的な側面を見出すことができるだろう。そこで次に、日本における良心の受容を取りあげてみたい。

日本における良心

日本で最初に良心に関する本格的な論考『良心起源論』(一八九〇年起草、一九〇四年刊、小坂国継編『大西祝選集Ｉ』（岩波文庫、二〇一三年）所収）を著したのは大西祝《はじめ》（一八六四〜一九〇〇）である。「良心」という言葉ができて間もない時期に、カントやダーウィンらの学説を用いながら、本格的な哲学的良心論を展開しているのは驚きである。大西は草創期の同志社で学び、新島襄（一八四三〜一八九〇）の薫陶を受けている（後に帝国大学文科大学哲学科で学ぶ）。

まだ鎖国が続いていた幕末にアメリカに渡り、そこでリベラルアーツや神学を学んだ新島はコンシエンスという言葉に出会っただけでなく、その理念を体現し、実践する人々に助けられた。その経験は後に新島が同志社を設立し、良心を教育理念に掲げたことにも反映されている。「同志社大学設立の旨意」（一八八八年）に記された「この一国の良心とも謂《い》うべき人々を養成せんと欲す」や、学生に書き送った手紙の一文「良心之《の》全身ニ充満シタル丈夫《ますらお》ノ起《おこ》リ来《きた》ラン事ヲ」は、新島の理念をよく伝えている。

漢文に通じていた新島は、儒教由来の「良心」という言葉になじみがあると同時に、西洋由来のコンシエンスとの違いについても意識していたに違いない。決して数は多くないが、新島の手紙の中には「良心」と記さずに、わざわざ「コンションス」とカタカナで記しているものもある（小崎弘道宛書簡、一八八〇年）。新島は体系的な思想家ではなかったので、彼が「良心」と「コンシエンス」をどのように関係づけようとしたのか、その詳細を知ることはできない。いずれにせよ、由来を異にする概念が「良心」という言葉に合流し、定着した後も、その言葉に潜在する緊張感を感じ続けることは、新島のみならず、現代においても重要であろう。我々が日常的に使う、それゆえに意識レベルでは弛緩した「良心」という言葉の活力を取り戻すためには、想像力や連想力を喚起させる比較・統合の視点が欠かせない。

三　「良心学」の基礎付け

「統合知」としての良心学

「良心」をめぐって膨大な議論の蓄積がある。良心および隣接する諸概念を共通するキーワードとして用いることによって、幅広く人間の精神と行動を研究することができるだろう。その意味では、現代社会において良心を駆使することは、細分化した多様な学問領域を「接着剤」のようにつなぎ合わせる知的営みともなる。「共に知る」ことを原義とする良心の現代的機能は「統合知」としての働きであると言えるだろう。

一二世紀のヨーロッパにおいて、キリスト教世界における知の伝統と、イスラーム世界経由で再流入した古代ギリシアの知が交差し、宗教性と世俗性が緊張を帯びた出会いをする中で、リベラルアーツが高等教育の基礎として再生し、ユニヴァーシティが誕生することになった。八〇〇年の時を経て、研究や教育に新たな再生の息吹を吹き込むためには、この時代にふさわしい知の出会い、緊張ある相互交流が求められる。人類史の中で哲学や宗教が探究してきた良心をめぐる課題に対し、現代科学の知見により新しい光を与え、同時に、再定義された良心の視点から科学を批判的に俯瞰するという双方向的な作業が、その一歩となるだろう。

「実践知」としての良心学

さらに、良心が個人の営みを超えて、よりよい社会の形成に寄与するためには、社会の現実を見据えた良心の実践が欠かせない。良心学は「実践知」としても機能すべきなのである。人と人が出会い、「共に知る」ことによって、眠っていたかのような良心が喚起されることがある。先述した新島の場合、アメリカにおいて良心に触れる原体験があり、その新島と彼の影響を受けた弟子たちの間に新たな良心が生起したのである。そして、彼の弟子の多くが社会の中でもっとも困窮した人々の救済に向かっていった。

貧しい者と富める者の格差は、今なお拡大し続けている。科学技術の華々しい発展は、幸福の最大化(既得権益の拡大)へと向けられがちであるが、弱者の側に立って、不幸を最小化するための知恵と実践につなげることが必要なのではないか。良心の「共に知る」力を、現代の諸問題を意識して言い換えるなら、「対立する価値を調停する能力」となるだろう。個人の次元でも、社会の次元でも、異なる考えや立場の前で我々は葛藤・逡巡する。しかし、問題を直ちに善悪や敵・味方、有益・無益のカテゴリーに転化させるのではなく、忍耐強く「共に知る」作業を続けることが、新たな社会形成につながっていくことを良心学は示していく。

まとめ

- 良心学は、現代世界の諸問題を解決するため「良心」を学際的に研究し、それを日常生活において実践していくための新たな学問的基盤を提供することを目的とする。
- 東洋思想(儒教)由来の「良心」と西洋思想由来の「コンシエンス」の間にある緊張関係を活かしたハイブリッドな「良心」理解を良心学の基礎とする。
- 「共に知る」を原義とする「コンシエンス」においては、「誰と」共に知るのかが重要な論点とされ、「内なる他者」(自己)、「外部の他者」(第三者)、「神」(超越的他者)を対象とする思想史的系譜が形成された。
- 良心学は「統合知」と「実践知」としての役割を担う。

〈さらに学ぶために〉

石川文康『良心論——その哲学的試み』名古屋大学出版会、二〇〇一年。本章では十分に紹介することができなかった、西洋思想史における良心をめぐる議論を詳細に知ることができる。

マーサ・ヌスバウム『良心の自由——アメリカの宗教的平等の伝統』慶應義塾大学出版会、二〇一一年。現代アメリカを代表する法哲学者が、すべての人々の良心の自由を平等に尊重することは、アメリカの基本的な姿勢であることを論じている。その基本姿勢を揺るがしかねない出来事が昨今続いているだけに、議論の重みをいっそう感じさせられる。

西原博史『良心の自由と子どもたち』岩波新書、二〇〇六年。「日の丸・君が代」強制や愛国心教育の問題など、近年の日本の教育界を揺さぶった具体的な例を取りあげながら、基本的人権としての良心の自由の再認識を促している。

山脇直司編『科学・技術と社会倫理——その統合的思考を探る』東京大学出版会、二〇一五年。原発問題などを取りあげながら、科学技術の不確実性にどのように向き合うべきかを考えている。具体的な危機意識によって促される「知の統合」は、良心学にも連なる課題である。

I

思想・信条における良心

第1章　キリスト教と良心

中村信博

危機の社会学で知られるウルリッヒ・ベックは平和を阻害する最大の要因として、宗教が掲げる真理の単数性を指摘している。各宗教がその独自性に拘ることで、平和が遠のくと警告しているのである（『〈私〉だけの神――平和と暴力のはざまにある宗教』鈴木直訳、岩波書店、二〇一一年）。良心（conscience）が語義的定義から「共通知」「統合知」として理解されるのであれば（総説「良心学とは何か」参照）、それぞれの宗教は良心のこの定義からは孤立した場所にあって、他の宗教や思想、文化と真理を共有するには遠回りとなる歩みを続けているのかもしれない。

思想家ハンナ・アーレントは私的領域と公的領域が相互補完的に成立し合う場所が「社会」であると定義し、両者の共存を可能とする人間の存在様式を「複数（多数）性」に求めた（『人間の条件』志水速雄訳、ちくま学芸文庫、一九九四年）。キリスト教と良心との関係を紐解けば、この複数性の理解と他宗教の真理性に対する寛容をめぐっての葛藤の歴史でもあったと言えるだろう。

しかし、キリスト教はこれらの葛藤とともに、しばしば良心の宗教としてイメージされてきた。たとえば、アメリカ大統領の就任式においては、聖職者の立ち会いのもと、新大統領は「聖書」に手をおいて誓約をすることになっている。就任にあたって自らの良心に誓う大統領の姿が可視化されているのだろう。

また、現在兵役義務のあるいくつかの地域と国における良心的兵役拒否の運動も、そもそも第一次世界大戦中にアメリカの一部の教会とキリスト者によって始められた宗教的兵役拒否を起源としたものであった。

一　聖書が語る良心

この良心の宗教としてのキリスト教のイメージはどのように形成されたのだろうか。そして、聖書において良心はどのように語られているのだろうか。

越境する良心

「善いサマリア人」(新約聖書「ルカによる福音書」一〇章三〇～三七節)は、キリスト教における良心の性格を端的に示している。強盗にあって半死状態にあった旅人が、祭司やレビ人には助けられることなく、ユダヤ社会が許容しないサマリア出身の旅人に助けられたという逸話である。イエスはこの逸話を語り、「行って、あなたも同じようにしなさい」(三七節)と促した。アメリカやカナダにある「Good Samaritan law(善いサマリア人法)」という法律はこの倫理観にもとづいている。緊急時、医師に求められるのは最善の治療であり、結果についての責任は問われない。サマリア人は旅人を助けるにあたり、外部者としてユダヤ社会との境界を越えなければならなかった。そして、「善いサマリア人法」においては、医師たちの使命感だけではなく、他の判断を超えて人命を優先する規範が社会に共有されているのである。

正義の実践から愛の実践へ

このような今日の慈善や福祉につながる良心の実践は旧約聖書に由来する。背景となる古代ユダヤにおいてこの実践的思想は、社会正義の応用として成立し発展したものであった。ヘブライ語のツェダカーは「義、正義、慈悲、慈善、施し」など多様な意味を有するが、のちのユダヤ教は生活困窮者に対する「施し」を隣人愛の実践として要請した。その実践は神の属性としての「正義」が表明される手段であった。さらに、ヘレニズム時代に翻訳されたギリシア語訳(七十人訳)聖書は、古典ギリシア語には見られなかったエレエモスネー(施し)をツェダカーの訳語として採用し、「正義」＝「施し」の理解を強化する結果となった(田中利光『ユダヤ慈善研究』教文館、二〇一四年)。たとえば、旧約聖書には「収穫後の落ち穂を拾い集めてはならない。……これらは貧しい者や寄留者のために残しておかねばならない」(「レビ記」一九章九〜一〇節)とする規定がある。落ち穂はあえて困窮者のために残される。その恩恵を受けたルツという女性の生涯は、のちのイスラエル・ユダヤの将来における神の守護を暗示していた(「ルツ記」)。一九世紀フランスを代表する画家ジャン・フランソワ・ミレーが描いた「落ち穂拾い」は、貧しいフランスの農村だけではなく、旧約聖書の良心の実践をも描写していたのだ。

やがて、キリスト教はこの精神と感覚を継承しながら「施し」という行為を慈善の中核にと位置づけた。旧約時代においては、宗教戒律のなかに定められていたユダヤ的な「神の正義」を根拠とする良心の実践は、「善いサマリア人」を語ったイエスによって、「隣人愛」にと再定義されたキリスト教独自の愛の実践へと変容したと考えられる(第6章「社会福祉と良心」参照)。

配慮としての良心——パウロの場合

イエスの死から二〇年あまりが経過した一世紀半ば、かつて自ら宣教したコリントの教会共同体が困難な問題に直面していることを知ったパウロは、良心による解決を繰り返し訴えた。問題の中心は、「偶像に供えられた肉」の扱いにあった。ヘレニズム的異教社会の中心都市に形成されたキリスト教共同体にあっては、その肉を食する機会も多く(新約聖書「コリントの信徒への手紙一」八章)、その食肉は、「神ならぬ神」(偶像)を崇拝する行為だと忌避されていた。またそれは、日常の食物規定の範囲を超えて偶像礼拝の是非、ひいては「主の晩餐」(最後の晩餐に由来する教会儀礼)の参加資格(同書一一章)論争にまで発展しかねない火種でもあった。このときパウロは、信仰の本質を見誤ってはならないと警告しながら、その主張が一方的にならないように「良心が弱い」(同書八章七節)者への配慮を訴えた。パウロは良心を自らの信念を貫くための根拠として訴えたのではなく、共同体内部における共通理解形成への配慮のために用いていたのである。

このように、初期キリスト教が西アジアの一端から広大なヘレニズム世界にと拡大する過程において、良心は重要な役割を担っていた。パウロは愛の実践としてのイエスの思想を良心に集約してヘレニズム世界への伝達を試みたのであった。

二　キリスト教社会における良心

ところで、冒頭で触れた複数性の理解と他宗教の真理性に対する寛容について、キリスト教はどのような葛藤を経験することになったのだろうか。パウロによる苦渋の警告は、良心が他律的に強制されてはならない性格のものであることに関係しているだろう。しかし、ヨーロッパを中心としたキリスト教社会の歴史は、良心をめぐる他律性と自律性の間を揺れ動いた。

第四ラテラノ公会議——個人概念の成立

第四回十字軍を提唱したインノケンティウス三世によって一二一五年に招集された第四ラテラノ公会議

は、キリスト教の正統的信仰の確立と保護をはじめ、聖職者の任命(叙任)に関する世俗権力排除の徹底、そして、十字軍の再編などを課題とした。なかでも年に一回義務づけられた罪の告白(告解)は、ヨーロッパの精神史において重大な意味をもつ決定であったと言える。全知の神を前にしてはだれも自己の暗部を隠しおおすことはできない。告解が義務として制度化されたことで、人びとは例外なく、愛の実践において不完全であった罪人として、「わたし」という個人につねに向き合うことを強いられることになったのである。それはキリスト教の権力構造が、社会を構成する基礎的単位としての個人概念を生んだ瞬間であり、近代ヨーロッパが生んだデモクラシー(民主主義)のルーツでもあったと考えられる(阿部謹也『ヨーロッパを見る視角』岩波書店、一九九六年)。

一方で、この公会議は異教と異端に対しては不寛容な策を講じることになった。正統信仰を盤石にするためである。その結果、ユダヤ人やイスラーム教徒など異教徒に対しては特別な服装を義務づけるなどして、キリスト教社会内部に形成されていた異質なものを排除することになった。冒頭で述べたように、宗教的真理が求心的あるいは強制的に機能しようとすると、他の真理は対立し、排除すべき対象にと変えられてしまうのだろう。難民問題を抱えたヨーロッパ社会の深層には、いまなお、このときに成立した個人意識と、それを鮮明にするために抱えた排他性という意識の相剋が根深く存在していると推測することはできないだろうか(第2章「イスラームと良心」参照)。

宗教改革と良心――ルターの場合

罪の告白は、良心の点検機能でもあった反面、長期にわたる制度化のなかで多くの問題を引き起こした。告解における赦しは教会の秘跡として定着するとともに、聖職者たちはこの権威を恣意的に濫用し始めたのであった。中世に発達した煉獄思想を背景に、本人の場合はもちろん生前に、親族や関係者の場合は死後も含めて購入される贖宥状（免罪符）によって救済が保証されるとしたのである。このとき、魂の救済は売買の対象となってしまった。

このようなキリスト教権力の腐敗を前にして、多くの宗教者が批判の声をあげた。一五世紀のヤン・フス（ボヘミア）、一六世紀のフルドライヒ・ツヴィングリ（チューリッヒ）、ジャン・カルヴァン（ジュネーブ）などの宗教改革者たちであった。とくにローマ・カトリック教会への「九五条の論題」（一五一七年一〇月三一日）で知られるマルティン・ルターは、救済の根拠に注目した。ルターによれば、救済は贖宥状購入や教会への寄進などにはよらない。その根拠は、ただ「義」と呼ばれる神の一方的な「施し」だけに求められるべきであった。それはしばしば、ルターによる「神の義」の発見と呼ばれているが、いわば聖書的良心復権の主張であった。「正しい者は信仰によって生きる」（新約聖書「ローマの信徒への手紙」一章一七節）のであり、ルターは「キリスト者には義とされるいかなる行いも不要だ」と主張した（『キリスト者の自由・聖書への序言』石原謙訳、岩波文庫、一九五五年）。

ルターの自律的良心は教会権力からも世俗権力からも距離をおく結果となった。一五二一年ヴォルムス帝国議会に召喚され、自説の撤回を求められたルターがそれを拒否したときの「われここ（聖書信仰）に立つ」は信仰の自由と自律性とを物語る。

プロテスタント教会の歴史はようやくここから始まるのであり、カトリック教会もこの時代の「カトリック改革」（対抗宗教改革）によって、自己改革を試みた。日本にキリスト教を伝えたフランシスコ・ザビエルはこのときに誕生した修道会（イエズス会）に属していた。近代社会が自律的良心を内包した個人の意識に基礎をおいたものであったとしたら、その背景には良心をめぐる長期にわたるキリスト教社会の葛藤が潜んでいたのである(第4章「法と良心」参照)。

三　日本におけるキリスト教的良心

では、キリスト教社会の基礎となった個人意識とそこに働く良心の自律性は、近代日本社会にどのような影響を及ぼしたのだろうか。ここでは、無教会運動を指導した内村鑑三の不敬事件が提起した個人の良心と国家との関係、そして、田山花袋の『蒲団』に描かれた精神的葛藤について触れて、近代日本社会の深層におけるキリスト教的倫理観に触発された良心について指摘しておきたい。

国家と宗教——内村鑑三の不敬事件

きっかけは些細なものであったのかもしれない。一八九一(明治二四)年、第一高等中学校教員であった内村鑑三は、教育勅語奉読式において、天皇の御名に最敬礼をしなかったとの理由で同校を退職に追い込まれた。実際には一瞬のことであったとされているが、敬礼ではなく、会釈程度にしか見えなかったために不敬であると断じられて社会問題となった。本人が最敬礼を意識的に拒んだのか偶発的事件であったのかはさておき、ここで重要なことは国家権力によって個人の良心が否定されたことであった。ちなみに、この事件は「日本人の宗教的に恐るべき不寛容を示す」(山本七平『「空気」の研究』文春文庫、一九八三年)とする見方もある。国家と個人、あるいは国家権力と信仰の関係を論じる際には忘れることのできない事件であるとされている。

良心への問いかけ——田山花袋『蒲団』

不敬事件のような大事件に限らず、キリスト教は精神性の深いところで日本人の良心に問いかけていた。たとえば、田山花袋の『蒲団』の場合を考えてみよう。粗筋は、主人公の作家が育てようとした文学志望の女学生が恋人の上京を機に作家のもとを辞すことになって、喪失感のあまり、作家は女性が使った夜具に顔を伏せて涙したというものである。内村の事件から一六年後に発表されたこの作品は田山個人の醜聞と解釈すべきだろう。しかし、作家が社会的には秘匿したい懊悩を赤裸々に告白している点で私小説の嚆矢とされ、近代文学史上の一大事件となり、のちに自然主義文学の代表作として評価されるようになった。

知られたくない内面を告発したのはいったいだれか。関西から上京した女学生も婚約者も、それぞれにキリスト教系の神戸女学院と同志社の出身者であったことを思うと、作品はキリスト教的な価値観と対峙しているように見える。文明の開化とともに日本にもたらされたこの時期のキリスト教が、個人の内面に胚胎する罪意識をあぶりだしたとは言えないだろうか。内村の不敬事件によって良心はその行き場を失ったわけではなかった。『蒲団』は、法律では処罰されることのない罪意識と日本人が格闘したキリスト教的良心の痕跡であった。

以来、意識するしないにかかわらず、じつはわれわれの社会もまた、この良心と誠実に向き合い続けていたのかもしれない。

まとめ

・今日、一部の宗教が掲げる排他性は、平和を阻害する最大の危機要因の一つであると考えられる。

・聖書が示唆する良心は、社会正義の実践から愛の実践へと変貌を遂げたものと考えられるが、それは他者との越境的関係と他者への配慮という性格をもっている。
・宗教改革はキリスト教の歴史において大きな転換点であり、良心を自覚する個人を基礎とした社会の成立契機となったが、キリスト教社会内部に形成されていた排他性をめぐる葛藤が払拭されたわけではなかった。
・近代日本社会においては、教会の布教活動だけによらず、多くの人びとが良心や個人意識に根ざした思想や文学など、精神面においてキリスト教と向き合ってきたと考えられる。

〈さらに学ぶために〉

阿部謹也『ヨーロッパを見る視角』岩波書店、一九九六年。ヨーロッパにおける個人意識の誕生の由来を解明し、日本の世間との比較においてキリスト教に根ざす社会の特徴が論じられている。

田中利光『ユダヤ慈善研究』教文館、二〇一四年。欧米における福祉思想の中心となる良心の実践としての「施し」は、古代ユダヤで形成された「慈善」を基礎にして成立したことが詳細にかつ丁寧に説明されている。

大貫隆『聖書の読み方』岩波新書、二〇一〇年。聖書の読みにくさに理解を示し、教義的な枠組みによってではなく、読者自身の良心とも言うべき内的世界を創造するための書物として聖書を性格づけている。

徳善義和『マルティン・ルター――ことばに生きた改革者』岩波新書、二〇一二年。改革者ルターの生涯と聖書解釈の関係を通して、社会の変革と内在的精神の関係について知ることができる。その激しい精神が農民戦争などに与えた負の影響についても問題意識をもちながら読みたい。

鈴木範久『日本キリスト教史――年表で読む』教文館、二〇一七年。キリシタン時代から現代までの日本キリスト教通史。国家の宗教政策、文化史、社会史を視野に入れながらキリスト教が日本にもたらした影響について総合的に考察している。

第2章 イスラームと良心

内藤正典

ムスリム（イスラーム教徒）社会と西欧社会との関係は、かつてないほど厳しいものになっている。一九九〇年代まで、ヨーロッパ各国のムスリムに対する見方は、二つに分かれていた。西欧社会に適応した良いムスリムと西欧社会の諸価値に背を向ける悪いムスリムの二つに分かれていたのである。しかし、二〇〇一年九月一一日に起きた米国同時多発テロ事件を境に、この二分法的な見方は変わった。ヨーロッパでは、いまや、イスラームのイメージは暴力、とりわけテロリズムと分かちがたいものになっている。さらに、人権を認めない、なかでもジェンダー平等やＬＧＢＴの権利を認めない「遅れた」宗教とみなす人びとが大半を占めている。ムスリムの良心とは何か、という問いを立ててヨーロッパの非ムスリムに尋ねたら、おそらくポジティブな答えは返ってこないだろう。

良心とは何かを問う本書でイスラームを扱うことの意義は、まさしくこの状況をふまえて、いかにして一五億を超えると言われるムスリムとの共生を図るかを考えることにある。当然のことながらムスリムにも良心はある。だが、その良心は、私たち非ムスリムが考える良心とは根本のところで異なることを双方が了解しなければならない。そこを飛ばしてしまうと、ムスリムはヨーロッパの非ムスリムを「良心のかけらもない人びと」と考えてしまうし、非ムスリムの欧米市民は「ムスリムに良心などあるはずがない」

と決めつけて、両者は一層深刻な衝突へと進む以外に道がなくなってしまう。

一　ムスリムの良心は神と共にあることから生まれる

ムスリムでない人間にとって、良心とは必ずしも神の教えに沿う必要のないものである。もちろん、キリスト教における良心や仏教における良心というものを構想することも、実際にそれがあると主張することも、当然すぎるくらい当然のことである。しかし、信仰心というものを持たないからといって、その人に良心がないとは言えないことも、同時に私たちは理解できる。

だが、ムスリムにはそこが理解できない。そもそも、ムスリムに、脱イスラーム化する、あるいは信仰を捨てるとはどんな感じかと問えば、人間をやめるに等しいという答えが返ってくる。したがって、ムスリムにとって良心とは何かと問えば、それは神が人間に下した規範に従って行動することだという答えしか返ってこない。神があることをせよと命じるならばそれに従い、あることをするなと命じるならそれに従う。行為の善悪が示されていないなら、どうでもよいということだから、ある行動をとるにあたって「良心的」であるか否かを迷う余地はない。非イスラーム世界では、しばしば良心をめぐる内心の葛藤が問題となるが、イスラームでは規範が神のみに由来するから、神の定め以外のところで人間が葛藤することはない。葛藤するとすれば、神が禁じたことをする、あるいは神が命じたことをしない場合であって、それは葛藤ではなく、良心の呵責である。西欧社会では、人はその内面の良心をめぐって葛藤するのだが、ムスリムにとって、内心というものはたいした重要性を持たない。そもそも、イスラームは人の内心に立ち入らない宗教だからである。

もちろん、他者からみてムスリムが「良心的」とみえるところはいくらでもある。子ども、女性、高齢者、旅人、病人、障害を持つ人、貧しい人などに対して優しい。ムスリムの社会で生活すると、助け合いの精神にあふれていることにすぐ気づく。シリアなどの内戦では、数百万にのぼる難民が隣国のトルコ、ヨルダン、レバノンなどに逃れた。だが、邪魔な難民は追い返せ、彼らは不法移民だなどと叫ぶ排外主義の運動は起きていない。とりあえず困っている人たちは居ていいよというのが一般的なムスリムの反応である。難民はヨーロッパにも殺到した。こちらは全体で百数十万人の規模。ＥＵ加盟国は英国を除くと二七カ国だが、いまや、ほとんどの国で、難民の多くを占めるムスリムの増加で犯罪が増える、ヨーロッパのアイデンティティが危機に陥るから出ていけと主張する政党が台頭している。紛争で家や家族や仕事を失って、自国を離れなければならなかった人たちへの接し方として、どちらが「良心的」か。言うまでもないだろう。だが、西欧世界からのイスラームに対する見方は、まったく違う。イスラームといえば「暴力の宗教」と思われているのが実情である。この問題から「イスラームと良心」について考えていくことにしよう。

二　イスラームと暴力

現在、いわゆるイスラーム過激派による暴力は跡を絶たない。最初の衝撃は、二〇〇一年九月一一日の米国での同時多発テロであった。ニューヨークの世界貿易センタービル二棟をはじめ、ハイジャックした航空機で建造物を破壊するという未曾有のテロは世界を震撼させた。その後も過激なイスラーム組織による暴力は跡を絶たず、二〇一四年にイラクからシリアまで勢力を拡大した自称「イスラーム国」の暴力は、西欧世界から見たイスラームのイメージを決定的に悪化させた。

それでも、ほとんどのムスリムは暴力とは無縁で、かつこのようなテロ組織の行動を認めない。だが、母集団としてのムスリムは一五億とも一六億とも言われるなかで、たとえそれが一万人に一人の割合であっても一五万人ものテロリストが出てしまう計算になる。まず、このことを私たちは知っておかなければならない。一万人のうち九九九九人はテロとは無関係なのだが、一五万人も暴力に訴えるムスリムがいれば、テロは世界中で無数に発生することになってしまう。

だが、それにしてもイスラームという信仰の名の下に、なぜテロという非道な暴力が行われるのかを考えなければならない。暴力も辞さないムスリムたちは、その行為をジハードだと信じている。その攻撃で命を落とせば「殉教者」になると信じている。そして、殉教者には死後の楽園(天国)が約束されていると信じている。いったい、どうしてこのような狂気の発想に至ったのか？　私たちはそこを解明しないと、イスラームと良心の関係を理解することはできない。

三　なぜ、暴力的なジハードに乗り出すのか？

ここで、私たちは、暴力的でないムスリムは良いムスリム、暴力をふるうムスリムは悪いムスリムと断定する。しかし、ジハードというのは、本来、信仰を正していくための努力のことで、イスラームが求める弱者救済に邁進することもジハードなら、イスラームで禁じられた行為への誘惑を断つこともジハードとなる。そして、ムスリムが理不尽に迫害され、殺害されるような事態に直面したときは、その敵と命を懸けて戦うこともまたジハードとなる。現在、イスラームと暴力の問題の中枢にあるジハードとはこういうことの延長線上にある。

一つ確かなのは、世界のムスリムがイスラーム的に見て公正な統治の下で平和に暮らしているのならば、テロなど起きないということである。西欧世界では「イスラームという宗教のうちに暴力の芽があるのだから、彼らがテロなどを起こすのはイスラームという宗教自体の問題だ」という主張が力を持っているが、初めにこの点を考えておこう。イスラームは、弱者を助けることを重要な義務としているから、その弱者が虐げられ、殺され、なかでも子どもや女性のようにイスラームで守られるべき存在が、なんとも理不尽に命を奪われる状況に対して、イスラーム共同体を防衛するための戦いがジハードとして義務となる。彼らを傷つけなければ、今日の暴力もなかった。したがって、イスラームの敵と戦うのはムスリムの良心に基づいた戦いということになる。アメリカやヨーロッパ諸国が「テロとの戦い」を名分として中東・イスラーム世界で戦争や軍事介入を繰り返してきたからこそ、一矢報いんとして反撃に出る。ただし、米軍や有志連合軍という軍に対して戦いを挑むならともかく、ロンドンやバルセロナやパリの一般市民を標的にしてテロ攻撃をおこない、多くの人命を奪うことは、ジハードからの逸脱である。理由なき殺人は大きな罪であり、彼らテロリストたちには、死後の楽園は約束されない。

四　イスラーム世界諸国は、何をしてきたのか？

ムスリムによる衝撃的な暴力というと、私たちはアメリカやヨーロッパ諸国に対する攻撃を思い浮かべる。だが、実態はそうではない。アフガニスタン、イラク、イエメン、シリア、エジプト、リビアなど、ムスリムが多数を占める国々で、すでに秩序は崩壊し、毎日のように暴力が繰り返されているのである。彼らはなぜ暴力を繰り返すのか。多くの場合は、既存の体制に不満をもつ反政府勢力がジハードを主張している。いったい、ムスリムの国で、なぜムスリムが過激化してテロや武装闘争を起こすのだろう。

イスラーム思想のなかに暴力的なジハードを肯定する考え方はある。だが、それは統治がイスラームからみて不公正な場合に限って認められる。簡単にいえば、ムスリムの共同体を理不尽に破壊し、ムスリムを理由もなく殺害するようなことが繰り返し起きている場合に、その敵と戦うのなら、ジハードとして肯定される。現存する世界の国家というのは、ほぼ間違いなく、西欧近代に端を発する領域国民国家である。国境によって領域を仕切り、人の自由な移動を妨げること。国民を創出し、国民と非国民とのあいだに権利の差を作り出すこと。さらに、支配者が富と権力を集中し、弱い立場の人間を見捨ててしまうこと。一夜にして大儲けしたり、大損したりという金融市場で富をもてあそんできたこと。ムスリムを迫害するアメリカやヨーロッパの軍隊を駐屯させ、ムスリムの殺害に手を貸す国も少なくない。これらすべてはイスラームに反している。

シリアでの悲惨な内戦では、多くのスンナ派ムスリムが家を奪われ、命を落とした。市民の頭上に「樽爆弾」を落とし続け恐怖に陥れたのは、イスラーム色のないバッシャール・アサド大統領の政権だった。それをロシアのみならずシーア派のイランも支援してきた。エジプトでは、長年にわたるムバラク政権の独裁の後、自由な選挙によってムハンマド・ムルシーが大統領に選ばれた。だが一年ほどで、軍が政権を奪取し、民意による政権を破壊してしまった。ムルシーの政権は、スンナ派イスラーム主義のムスリム同胞団に支えられていたが、軍部はこれをテロ組織として弾圧した。アフガニスタンでは、なおも駐留をつづける米軍が幾度となく市民を誤爆し命を奪ってきたが、軍の駐留は現政権の要請に基づいている。このような事態は、いまやＳＮＳの発達によって瞬時に世界のムスリムに共有される。

冒頭でもふれたが、凄惨を極める戦乱から逃れた人びとに、人権と民主主義を掲げる西欧諸国はどう対処したか。シリア内戦の結果、トルコに三〇〇万人、ヨルダンとレバノンにも各々一〇〇万人ちかい難民が流出した。これらの近隣国はいずれも難民を受け入れた。だが、ヨーロッパ諸国では一〇〇万人あまりの難民が押し寄せた途端、反難民と排外主義を掲げる政党が台頭した。二〇一七年、ＥＵ諸国では選挙が相次いだ。三月のオランダ議会選挙では、明確に反イスラーム、反難民・移民を掲げる自由党が躍進し、九月のドイツ連邦議会選挙でも、反難民、反イスラームを掲げる「ドイツのための選択肢」という政党が第三党となった。スロヴァキアの首相は難民がキリスト教徒なら受け入れると発言し、ハンガリーの首相は、国境を無視した彼らは難民ではなく不法移民だと断定した。この状況を見れば、ムスリムが国境というものをさほど重視せず、困っているなら受け入れて当然だと考えたのに対し、領域国民国家を生みだしたヨーロッパはいたって不寛容だったことがわかる。三〇〇万人もの難民が逃れたトルコでさえ、一度も難民排斥の運動など起きていないのである。

もう一つ、私が身近に見た例をあげよう。二〇一二年、同志社大学ではアフガニスタンの和解と平和構築のための国際会議を開いた。カルザイ政権側からタリバンまですべてが参加した初めての会議であった。最後に、一つでいいから合意点を求めたところ、全勢力の代表は「アフガン市民の殺害をつづける外国軍が撤退しない限りアフガニスタンに平和はない」という点で一致したのである。カルザイ前大統領はその任期の最後まで外国軍駐留に反対した。だが、次のガニ大統領は同志社での約束に反し米軍の駐留を求めた。その後、タリバンは猛烈な勢いで反撃に出て、テロや武力衝突を繰り返している。一般には、タリバンのようなイスラーム過激派がいるから米軍が駐留しなければいけないと理解されるだろう。だが、それは間違っている。政権側が約束を破り、外国軍を駐留させたことが、タリバンによる攻勢の主要な原因の一つである。これは私自身が国際会議での合意を目の当たりにしたから確かなことである。もちろんだからといって市民を巻き込んで爆弾テロを起こしていいなどという理屈は一切正当化できない。

五　世俗主義とイスラームの分断

こういう非道な暴力を擁護することなど全くできない。だが、彼らをなぜ暴力に駆りたてたのか、その原因を究明せずして問題は決して解決しない。軍事力でテロ組織を壊滅させても、ムスリムの心のなかにある不公正への憤りは消えないからである。そして憤る心そのものは、もともとムスリムとしての良心にあった。

彼らの怒りの源泉をたどっていくと、世俗主義という西欧近代以降に世界に広まった考え方とイスラームとが全く共存の余地がないことに思い至る。世俗主義に立つと、国家や公の領分というものは宗教から中立でなければいけない。日本では政教分離というほうがわかりやすいが、政治と宗教を切り離せという考え方も世俗主義に基づいている。政治だけではない。公教育、司法、行政などを扱う公的機関はすべて特定宗教の教えに基づいて行動してはいけないということになる(第4章「法と良心」参照)。

しかし、イスラームには法がある。イスラームという宗教は、初めから内面的な信仰だけでは成り立たないようにできている。生まれてから死ぬまでの行為にはすべて規範が示されていて、あれをしなさい、あれはした方がいい、どちらでもいい、しない方がいい、絶対してはならない、と段階を区切って人間の行動にルールを示すのがイスラームである。しかも神は超越的絶対者であり、人間社会のみならず森羅万象を意のままに操れる存在である。そう考えると、人間社会の一部である国家の内部に、ここは神が手を触れてはならないという領域(非宗教性を担保すべき領域)をムスリムが認めるはずがないのである。そんなものを認めたら、神の絶対性が損なわれてしまう。

世俗主義の身近な例をあげれば、フランスやいくつかのヨーロッパ諸国では、宗教のシンボルを公的空間で身に着けることを禁じる。ムスリムの女性がかぶるスカーフやヴェールは、イスラームのシンボルであるから公的な場で頭部を覆うことを禁止するというのである。成人女性が頭部を覆うのは、イスラーム的規範によるものだが、スカーフやヴェールはイスラームという宗教の象徴ではない。もともと夫や家族以外の異性の前では、恥部を覆えという規範があるだけで、頭髪やうなじ、喉元などが恥部(性的部位)であるとされるから覆うだけのことである。もっとも、西欧では世俗化によって近代化が進むという考えは途方もなく強力で、ムスリムの世界にも広く浸透した。ムスリムの女性たちのなかにも、頭髪をなびかせて表を歩くことに何の羞恥心も感じない人はいる。他方、頭部をあらわにして人前に出ることに強い羞恥心を覚えて女性の尊厳が侵されると感じる人もいる。

フランスを見れば明らかなように、世俗主義とイスラームとが並び立つ余地はない。いまや、フランスでは公的な場でのスカーフやヴェールの着用は犯罪とされる。ベルギーでも相次いで禁止され、そうしたものを身につけた女性を路上で罵る、引っ張って脱がそうとするなどの暴力が跡を絶たない。着用するムスリムの女性にとっては、これは個人の信仰の問題にすぎない。だから、彼女たちはフランスをはじめとするヨーロッパ諸国のスカーフ禁止措置をイスラームへの憎悪と解釈することになる。敬虔なムスリムの成人女性のスカーフやヴェールを剝ぎ取ることは、道行く女性のシャツを破いて胸を露出させ、スカートを破いて下半身を露出させる暴行に等しい。

これは、世俗主義に名を借りた暴力以外のなにものでもない。ここへきて、世俗主義とイスラームとが両立しえないことがはっきりする。これまで両立するかのように見えていたのは、ムスリム側が先進的な西欧世界のやることを真似てスカーフを身に着けなかったからである。だが、ムスリムとして再覚醒を経験していく一九八〇年代あたりから、自覚してスカーフやヴェールを着用する人の数は急激に増加していった。西欧の真似をしてきたけれど、信仰上、正しい道を歩もうとするムスリムが増えたのである。

六　イスラームの良心を私たちはどう受け止めるのか？

ヨーロッパに暮らすムスリムにとって、もっとも深刻な問題はここにある。彼らにとって神に由来する定めに従おうとすることがもっとも良心的な行動なのだが、それは世俗の国家では拒否され罪に問われることさえある。彼らは、暮らしているヨーロッパ諸国の「世俗の法」と「神の法」のいずれに従えばよいのか？　世俗の法に従おうとするムスリムは、神の法に背いているという良心の呵責に苛まれ、イスラームに従おうとするムスリムは、世俗の法によって処罰され、社会から追放されてしまう。西欧近代を通じて支配的イデオロギーとなった世俗主義とイスラームとは、パラダイムの異なるものであり、どちらか一方を力で押し付けても、他方には決して受け入れられないということを了解しなければならないのである。

まとめ

・ムスリムにとって良心は、神と共にあることと切り離して考えることはできない。信仰なしに、独立した個人の良心を想定することはできないという前提からムスリムの良心とは何かを考える。
・日本も西欧世界と同様、宗教は人間社会の一部(公的領域)について介入してはいけないという前提があるが、イスラームではこの考え方を受け入れない人も多い。
・現代世界では、ムスリムとの共生が難しくなりつつあるが、一五億人以上とも言われる彼らにとって「良心」とは何であるのかを知る努力をしないと、暴力の応酬を避けることができない。

〈さらに学ぶために〉

中田考『イスラーム法とは何か？』作品社、二〇一五年。イスラームがもつ「法」としての意味を明快に説明した本。

松山洋平『イスラーム思想を読みとく』ちくま新書、二〇一七年。穏健なムスリム、過激なムスリムという二分法の誤解を丁寧に説明する本。

中田考（監修）『日亜対訳クルアーン』作品社、二〇一四年。聖典コーラン（クルアーン）に丁寧な解説をつけた労作。

内藤正典『となりのイスラム』ミシマ社、二〇一六年。ムスリムではない立場からみたとき、ムスリムとはどんな人なのかをわかりやすく解説した本。

第3章　哲学と良心

ライナ・シュルツァ

哲学の観点から良心論を概説するのは簡単な課題ではない。良心は、人間性の普遍的な要素とされるが、その多様な現れ方のために良心の概念は極めて曖昧である。良心を早々に一つの意味に限定せず、良心現象の全体を視野に入れるためには、比較研究が重要である。しかし、人文学者の視野がそれぞれの言語能力によって必然的に偏っているだけではなく、良心の比較倫理学の先行研究が、少なくとも西ヨーロッパの諸言語ではいまだに少ないという現実も認識しておく必要がある。特に西洋における良心は宗教との関係が強いので、良心を広く論じるためには、世界史におけるヒューマニズムの二大伝統を比較するのが哲学的な論考にとって有意義だろう。そこで本章では、東アジアの儒教思想とヨーロッパの哲学の間でバランスを取る議論を展開してみたい。

一　良心の人間学

孟子の性善説

現在、東アジアで使われている「良心」は、『孟子』からの言葉であるが、この古典には一カ所しか出てこない。この著名な箇所では、人間の善に向かう性質(性善説)が、木の茂っている山との比較において説かれている。人が木を切っても、山の本質がその禿山であるとは言えない。人間も、同様である。「どうして仁義のない心がありえるか。良心を放棄するのは、山の木を切るのと異ならない」(「告子」I・八)。木を切っても、山が木を成長させる能力がなくならないのと同じように、人間の徳が退化しても、本来の善なる性質が失われることはない。外部からの有害な影響や個人の放縦によって悪性の行為が現れても、人間の性質が本来悪であるとは言えない。

『孟子』に見られる植物の比喩から、人間に潜在する善なる性質は常に涵養されなければならないことがわかる。太陽と水を浴びないと、道徳は芽生え、成長しないのである。西洋における culture は、同じ比喩に基づくものである。この語の元になったラテン語の cultura は、もともと農耕を意味した。倫理において、この言葉は、道徳の種子から美徳の果実を生じさせるためには、人は自分の善なる性質を涵養(cultivate)しなければならないことを表している。

良心の素質

仁義は『孟子』に説かれている根本徳であるが、四項の徳目(仁義礼智)とその人間学的な基礎も提起されている。仁の根本は、惻隠、すなわち同情の気持ちにある。正義、または義務の感覚は、羞恥や罪悪感に由来する。礼儀の根本は、遠慮と謙遜の能力である。智慧は、正しいことと正しくないことを区別できる能力によるものである(「公孫丑」I・六)。「四端」と呼ばれるこの四つの道徳的な素質やそれに対応する四項の徳目は、ここで対等に並べられているように見えるが、『孟子』の別の箇所を読むと、実はそうではないことがわかる。「仁の実践は、親につかえること。義の実践は、兄に従うこと。智の実現は、この二つを知って放棄しないこと、礼の実現は、この二つを洗練することである」(「離婁」I・二七)。そして、仁義が優先される理由も記されている。「人が学ばなくてもできることを良能という。考えなくても知っていることを良知という。抱擁される幼児で、両親を愛することを知らない者はいない。そして成長するに及んで、兄を尊敬することを知らない者はいない。両親を愛するのが仁である。年長者を尊敬するのが義である」(「盡心」Ⅰ・一五)。

仁義が、礼と智より根本的である根拠は、家族関係に由来する。他者に共感して同情を感じる人間の本能は、親子の相互的な愛の中で成長する。正義や義務の背景にある罪悪感や羞恥は、年上の兄との関係から生じる。最初に親子関係、その後に兄弟の関係が重要になってくることも明確に表現されている。そして、このように仁義が身についてから、初めて礼と智も洗練することができる。結論的に言えば、『孟子』に説かれているのは、道徳感覚の初歩的な発達心理学なのである。

良心の発達心理学

『孟子』に見られる人間形成の根本的な要素は、現代の心理学から見ても十分根拠があると言える。扶養者への愛着が、幼児の生育のためにきわめて重要であるのは定説であろう。他者に共感する能力は、一歳半になるまで、教育とほぼ関係なく発達するという最近の研究を認めたとしても、その共感する本能が社交的で同情的な行動へと成長するのは、親からの愛情による(Ross A. Thompson "Whither the Preconventional Child?", *Child Development Perspectives* 6-4, 2012)。そのことは、育児放棄や虐待と子供の行為障害との因果関係を示す研究によって裏付けられている。

一方で、幼児の愛着対象者は必ずしも実親である必要がないことも知られている。それと同様に、「義」が兄に対する尊敬に由来するという先の説を解釈する際、その背景にある男尊女卑や年功序列という儒教の伝統的な考え方を認める必要はない。文字通りに解釈すると、長男には兄がいないので「義」を身につけることができないという、奇妙な結論になってしまうという理由もある。

ローレンス・コールバーグやエリック・エリクソンら、二〇世紀の発達心理学者は、『孟子』に見られる説より詳細なモデルを考えたが、正義や義務の感覚は、親子の関係よりも、兄弟姉妹関係や友人関係において発達するという基本的な想定は『孟子』と一致している。子供として平等でありながら、年齢的に異なる子供を含む複雑な人間関係において、集団のバランスがよくなるよう、助け合い・分配・遊び・交換などを通じて役割分担とルールが自然に生じる。この初歩的な倫理に違反する行為は仲間の間に怒りの気持ちを引き起こし、自分の違反行為は自らに罪悪感を覚えさせることになる。このように正義や義務の感覚が発達すると現代の発達心理学も考えている。

性悪説の挑戦

『孟子』に見られるような性善説とは反対に、中国でもヨーロッパでも、古代から性悪説が提唱されたこともあった。『ゴルギアス』や『国家』(第一巻)というプラトンの対話篇に登場するソフィスト派は、正義を人為的なものとして否定し、弱肉強食の自然性を主張する。古代中国において、孟子ともっとも対立的な思想を持っていた学派は法家であった。その『商君書』には、人間のすべての動機は利益と名声に還元されるとある。表面では利他的に見える学者の生活も、裏には名声への欲望しかないという(「算地」五・七)。ヨーロッパの近世には、法家と類似する思想がトーマス・ホッブズによって表明された。彼の『リヴァイアサン』(一六五一年)の根本にある人間観によれば、人間の究極的な目的は快楽であり、これを長期的に確保するための権力である(第一一章)。

道徳的な行為の裏にいつも利己的な動機があるというシニカルな人間観に対し、孟子は惻隠(共感)の人間性を次の有名な例で強調した。「もし、突然井戸に落ちそうな子供を人が見たら、誰でも心配や惻隠の心を持つ。それは、子供の両親との親交に入ろうとするためではない。親友と隣人の間での名誉を求めるためでもなく、これを見過ごした場合に自分の悪名が立つのを心配するからでもない」(「公孫丑」Ⅰ・六)。いかに素晴らしい行為であっても、元の動機は、名誉などの社会的な利益でしかないという邪推がなされることを孟子は認識していた。

しかし、一九世紀には、性善説への反論が人間学的な革命によって新たな根拠を得ることになる。進化論が倫理に問題をもたらすことは、チャールズ・ダーウィン自身もよく理解していた。利他的そのものの行為は、進化論的にはあり得ない。自分の繁殖ではなく、他者の繁殖に貢献する生物は生存率が下がり、自分の遺伝子が継承されない。したがって、自分自身の繁殖に貢献しない行為は、進化の過程において必然的に淘汰される。我々が利他的行為を観察する際にも、それは表面だけ利他的であって、究極的には自らの繁殖に利する行為であると、進化論からは推論することができる。

人間の道徳的行為がどのように進化してきたかという問題に対し、まだ結論を出すことはできないが、次のことは十分に確かである。もし集団の中で利他的行為をする者が一人だけであれば、その一人の繁殖の可能性は減るかもしれないが、集団の多くの者が利他的行為をすれば、それは集団の利益になる。このように多くの者が利他的に協力し合う集団には、一人ひとりの相互利益が生まれる。

では、人が利他的行為をする際には、常に報奨や賞賛などの見返りを期待しているのだろうか。これに関してダーウィンは *The Descent of Man*(『人間の由来』)で、孟子と同じように惻隠または共感(sympathy)は、人間の「社会的な本能の根本的な要素である」(2nd ed., London: John Murray, 1874, p. 112)と述べ、それを例証するために次のたとえを挙げた。すなわち、火事のような緊急事態において、ためらうことなく仲間を助けようとする人がいる。その人が後で自分の行為を顧みると、幸福、名誉などの追求とは異なる衝動で行ったことがわかる。この衝動は、人間の仲間に共感する「根の深い社会的な本能」である（p. 120）、と。ダーウィンによると、進化論で主張されている遺伝的な利己主義は、心理学的ないし主観的な利他主義と矛盾しない。人間の感情は、利他主義の知られざる仕組みによって進化してきたが、この仕組みを我々が意識しているとは言えない。

惻隠の倫理

孟子も、ダーウィンも、例として危険が切迫している緊急状態を挙げた。緊急時には熟慮する余裕がないので、直感的な同情についての彼らの説明には説得力がある。しかし、求められる援助が緊急のものでなければ、自分の利害を考慮する思いが自然に起きるので、惻隠を根本とする倫理は、できるだけ利害の考慮を交えないで、自然な利他的動機に従うことを求める。『孟子』の伝統を汲む中国近世の王陽明は、このような倫理を提唱した。王陽明は、東アジアで近代から使われている「良心」ではなく「良知」という言葉を用いた。それは、先にも引用したように「学ばなくても」「考えなくても」幼児や子供の時、自然に身につく道徳感覚である。考えなくても直観的に知っている善を意識して、できるだけ純粋に従うことは、陽明学の根本的な要素である。

世界宗教を見れば、惻隠に基づく倫理が説得力の強い思想であることがわかる。大乗仏教では「慈悲」（梵語 karuṇā）、キリスト教では「博愛」（ラテン語 caritas）が根本徳とされただけではなく、イギリスのいわゆる道徳感覚学派にも惻隠・同情を倫理の基礎的な概念とした豊かな思想がある。特にフランシス・ハッチソン、ジョセフ・バトラー、アダム・スミス(第７章「経済学と良心」参照)などの哲学者の著作では、惻隠が良心に関連して議論された。

二　良心の声

法廷としての良心

プラトンとアリストテレスの著作には、良心の概念が見当たらないが、ソクラテスの「ダイモニオン」(超自然的なしるし・声)は、古代から良心だと解釈されてきた(Henry Chadwick "Gewissen," *Reallexikon für Antike und Christentum*, vol. 10, 1978)。ソクラテスは、子供の時から神的な声を聞いたと自ら語った(プラトン『ソクラテスの弁明』)。この声は、どうするべきかは一切教えないで、ただソクラテスの行動を時々制止した。この指導してくれない、ただ制止する声のおかげで、ソクラテスは、自分で考えることだけで生き方を決めることができると悟った。この哲学の誕生伝説では、人間の理性に最大限の責任を負わせている。この話からは、西洋哲学の本流では、良心が人間を指導する自然な動機ではなく、主として知的現象として理解されていたこともわかる。

この良心の知的性質は、ヘレニズム時代に普通言語から現れた良心概念にも表現されている。ギリシャ語のシュネイデーシス(syneidesis)とそれに対応するラテン語のコンスキエンティア(conscientia)の語根には、両方とも「知」の意味がある。「共に」を意味するギリシャ語の「syn-」とラテン語の「con-」という接頭語によって「共に知る」という意味を持つ語彙が成り立った(総説「良心学とは何か」参照)。共に知る「共犯」や「証人」などを意味する語彙も作られた(Jürgen-Gerhard Blühdorn "Gewissen I," *Theologische Realenzyklopädie*, vol. 13, 1984)。このような事情から、キケロやセネカという後期ストア派の哲学者に見られる良心についての法律的な比喩は、実はこうした語源に基づいていることがわかる。特にセネカは、良心の役割を描写するために、「証人」(testis)、「訴追人(原告)」(accusator)、「審判人(裁判官)」(iudex)などの比喩を活かした(「書簡」二八・一〇、四一・二、四三・五)。このように良心を内面の法廷として考える思想は、カントの良心論に至るまで、西洋の言説に強い影響を与えた。

一神教の諸教理にも裁判、罪、罰などの法律に由来する用語が多いので、良心は、キリスト教の教えを内面化したものに過ぎないという主張がなされる場合もあるが(第1章「キリスト教と良心」参照)、良心にせよ、宗教にせよ、法律がまず実際の社会において制度化されていない限り、法律に関わる諸概念も生じないのである(第4章「法と良心」参照)。法律が制度として実現されてから、信仰世界への投影も、心への内面化も、初めて可能になったことは間違いない。しかし、この投影や内面化は、因果関係の点や思想史の面において、なお議論の余地がある。

良心の呵責

カントのように良心を徹底的に裁判との類比で考えると、良心は行為の後に初めて声をあげることになる。それは、犯罪を行って初めて裁判がなされるのと同様である。行為前の指導的な良心を認めなかったカントにとって、意思決定する人間の能力は理性だけであった。ここまで法廷としての良心を主に知的現象として議論したが、良心には感情的な側面もある。この「良心の呵責」という気持ちも、カントは裁判との類比で説明した。悪いことをした後に反省して、罪悪感を覚える場合がある。他方、良いことをしたとしても、罪悪感の対極となるような大喜びが通常生じるわけではない。このように感情的に偏っている良心の仕組みも、裁判の機能と一致している。裁判は、悪い行為に罰を与えるが、良い行為に報奨を与えるわけではないからである（カント『人倫の形而上学』一七九七年、第二巻、一三項）。

西洋哲学は、良心を主に知的法廷として考えたが、良心の呵責という感情的側面も議論の一つの軸となってきた。罪悪感を良心概念の建設的な要素としない良心論は、西洋の哲学には、ほとんど見当たらない。『論語』（「顔淵」四）にも見られるように、罪悪感は古代中国にも知られており、人間の普遍的な現象として認めることができるだろう。孟子の性善説にも、正義や義務の背景には罪悪感があるが、西洋のような中心的な意義は与えられてはいない。

三　「独知」としての良心

証人としての良心

良心の知的性質には、もう一つの忘れてはならない側面がある。証人が法廷に召喚される理由は、現場で犯罪を目撃したからである。したがって、証人としての良心は、自分が自分自身の証人になることを意味する。この意味での良心は、すべての行為に伴う道徳的意識そのものである。セネカはそれを手紙で次のように表現した。「清らかな良心」（bona conscientia）は誰が知っても良い気持ちになるが、「やましい良心」（mala conscientia）は「誰も知らなくても関係ない。あなた自身が知っているので」（「書簡」四三・五）。

陽明学では、同じモチーフが「独知」という概念を巡って議論された。朱熹の解釈とは異なり、王陽明は『中庸』の第一章にある文章を次のように読んでいた。「君子は、見られないうちにも、慎んでいる。聞かれないうちにも、注意する」。他者が知っているかどうかを基準とするのではなく、自分について自分独りしか知らないことを基準とすべきだということである。

公平な観察者

道徳の立場からは、ばれるかどうか、失敗するかどうかに関係なく、動機の質が問われる。動機、または意志の善悪を判断できるのは、その人自身に他ならない。したがって、自分の意図を道徳的な観点から観察したり、反省したりする能力を重んじることが、徳の始まりとなる。アダム・スミスは *The Theory of Moral Sentiments*(『道徳感情論』一七五九年)で、自己反省能力としての良心概念を次のように分析した。自分から距離を取らないと、自己を対象化することもできない。そのためには、他者、つまり対面する第二者の立場ではなく、第三者のような立場を取るべきである。想像することしかできない、このような「全知で公平な観察者」の観点から、自己の動機や感情を常に検討すべきである、とスミスは説明した(Cambridge University Press, 2002, pp. 128-57)(第7章「経済学と良心」参照)。先に論じた惻隠の倫理のためには、第二者に共感する知的能力が不可欠であるが、ここで明らかなのは、道徳的反省には内面化された第三者が必要だということである。

まとめ

- 『孟子』からは、良心を人間学的にすべての道徳の素質として受け取ることができる。この素質を涵養すれば、道徳的な人格が発達する。
- 西洋哲学においては、良心は、行為前の指導的な本能というよりも、主に行為後に判決を下す法廷として考えられた。悪い行為をした場合に、罪悪感を覚えるのが良心である。
- すべての行動に伴う自己観察能力としての良心概念は、東アジアにも西洋にも同様に見つけられる。

〈さらに学ぶために〉

アダム・スミス『道徳感情論』村井章子・北川知子訳、日経BP社、二〇一四年。良心論の西洋言説を理解するために重要な古典である。深い人間学的洞察に満ちている著作であり、今日でも読む価値の高い書物である。

Cheng Chung-ying ed., *Conscience and its Analogues: East and West*, special issue of *Journal of Chinese Philosophy* 2-1, 1974. 英語圏で良心の比較倫理学を開拓した研究である。Cheng Chung-ying(成中英)とEdmund Leites の論文が王陽明とジョセフ・バトラーの良心論の差違と共通点を詳しく論じている。

Osamu Takeuchi(竹内修一), *Conscience and Personality: A New Understanding of Conscience and Its Inculturation in Japanese Moral Theology*, 教友社、二〇〇三年。神学の観点で書かれている本であるが、良心についての比較倫理学の研究書として挙げることができる。特にトマス・アクィナスの良心論は参考になる。良心と誠との関係についても詳しい。

第4章 法と良心

深谷 格

法と良心の関係については、従来、分野・論点ごとの個別的検討しかなされてこなかった。そこで、本章では両者の関係を体系化し、思考の見取り図を描いてみたい。

「法」という言葉で多くの人は刑法を思い浮かべるだろう。そして、法を治安維持手段、権力者の支配の道具、信賞必罰の抑圧的な装置と捉えるとともに、「良心」から「良心の自由」「良心的兵役拒否」を連想する人が多いかもしれない。法の統制に抗する個人の良心という構図である。確かに、国家と個人の関係を規律する公法の分野では、近年、良心の自由を侵害する法の制定が目立つ。これについて「一　法と対峙する良心」で考えてみよう。

他方で、実は、「法」には民法のように人々の社会生活関係(取引社会)を規律する私法の分野もある。私法は、取引の世界において、ゲームやスポーツにおけるルールのような役割を果たすといってもよい。そして、私法と良心の関係はスポーツのルールとフェアプレイの精神の関係にたとえることができる(第10章「スポーツと良心」参照)。これについて「二　法を支援する良心」で検討しよう。

最後に、「法と対峙する良心」と「法を支援する良心」の関係をキリスト教の観点から考察してみよう。

一　法と対峙する良心

良心の自由・信教の自由

欧米では宗教改革期のマルティン・ルター以来、現代の法哲学者マーサ・ヌスバウムまで受け継がれる伝統として、良心の自由は信教の自由と密接不可分であり、両者を別個に定める憲法の例は少ない。日本国憲法（以下「憲法」）が両者を一九条と二〇条に分けたのは、明治憲法下の天皇制による国民の思想・良心の抑圧の歴史への反省を示している。二〇条は宗教的良心の自由の特別規定である（総説「良心学とは何か」、第1章「キリスト教と良心」参照）。

良心は個人の人格、生き方にかかわる。戦後、憲法一三条により個人の多様な生き方の追求が肯定され、それを保障する良心の自由が一九条に規定された。しかし、後述する良心的兵役拒否のように、各人が自己の良心に従い国家の命令に服しないことは国家の存立基盤を揺るがす要因となりかねないから、そのような不安定要因を抱えることを国家は好まない。そこで、二〇〇一年の「9・11」以降、良心の自由をリスク要因とみなす風潮の下で良心の自由を侵す立法や行政が推進され、思想・良心の形成過程である教育課程への国家の介入が進んだ。最高法規である憲法に保障された良心の自由は、より下位のそれらの法や行政と対峙し、それらの法や行政行為等の合憲性が以下のように問題とされている。

例えば、戦後比較的早い時期から、公立学校の式典での国旗掲揚・国歌斉唱が、学習指導要領と校長の職務命令によって教職員の義務とされ、違反者の処分が始まった。一九九九年制定の「国旗及び国歌に関する法律」は、義務付け規定や罰則を何一つ含んでいないにもかかわらず、この行政実務にお墨付きを与え、統制の一層の強化という効果をもたらした。最高裁は、公立小学校入学式で君が代ピアノ伴奏の職務命令を拒否した音楽教諭の戒告処分取消請求訴訟で、君が代のピアノ伴奏行為は伴奏教諭が「特定の思想を有するということを外部に表明する行為であると評価することは困難」だとし、当該職務命令は憲法一九条に違反しないとした(最判平成一九(二〇〇七)年二月二七日民集六一巻一号二九一頁)。さらに、都立高校卒業式での国歌の起立斉唱職務命令の取消し等を求めた裁判で、起立斉唱行為は慣例上の儀礼的な所作だから、本件職務命令は思想・良心の自由を直ちに制約しないが、国旗・国歌への敬意の表明の要素を含むため教職員の思想・良心の自由についての間接的な制約となる面があり、よって、この間接的な制約を許容し得る職務命令の必要性と合理性の存否を総合的に判断すべきだとし、本件職務命令には必要性と合理性があるから憲法一九条に違反しないとした(最判平成二三(二〇一一)年五月三〇日民集六五巻四号一七八〇頁)。

また、二〇〇六年制定教育基本法二条五号は愛国心教育を目標として掲げ、二〇一五年改訂小中学校学習指導要領は道徳を成績評価の対象となる教科科目とした(小学校では二〇一八年四月、中学校では二〇一九年四月から実施)。文部科学省『中学校学習指導要領解説　特別の教科道徳編』(二〇一七年)は、遵法精神や愛国心を強調し、義務の遂行や他者との絆の維持に喜びを感じるのが良心だとする。これは国家・社会の規範や価値観に従うことこそが良心だとする見解を前提とした成績評価に結びつきかねない。教育以外の分野でも、二〇一七年公布・施行「共謀罪」法は、権利侵害の危険が具現化していない計画(合意)を処罰の対象とし、計画に関与した個人の内心を評価の対象とする。上記立法や行政の動きは良心の自由を侵す。

他方、宗教的良心の自由である信教の自由については、国民主権と信教の自由の保障のため憲法二〇条は政教分離原則を定め、国及びその諸機関に宗教的活動を禁ずる。ただし、最高裁は、この「宗教的活動」を「当該行為の目的が宗教的意義をもち、その効果が宗教に対する援助、助長、促進又は圧迫、干渉等になるような行為をいう」(最大判昭和五二(一九七七)年七月一三日民集三一巻四号五三三頁。目的効果基準)と定義して狭く捉え、政教分離を緩めた。そして、最高裁はこの基準に従い殉職自衛官合祀申請を「宗教とかかわり合いをもつ行為」だとしつつ、合祀の目的が「自衛隊員の社会的地位の向上と士気の高揚を図ることにあった」から宗教的活動とはいえず、合祀は殉職自衛官の妻の信教の自由を侵害しないとし、県護国神社という宗教法人の信教の自由を援用して、原告である妻に寛容を求めるという倒錯を示した(最大判昭和六三(一九八八)年六月一日民集四二巻五号二七七頁)。しかし、右のような政治的目的のために「宗教とかかわり合いをもつ行為」はその点で政教分離を侵すと考えられる。内閣総理大臣の靖国神社参拝につき、下級審は参拝行為を憲法の禁ずる宗教的活動にあたるとしつつ、権利侵害はないとした(大阪高判平成四(一九九二)年七月三〇日判時一四三四号三八頁、大阪高判平成一七(二〇〇五)年九月三〇日訟月五二巻九号二九七九頁)が、最高裁は憲法判断を回避した(最大判平成一八(二〇〇六)年六月二三日判時一九四〇号一二二頁)。

このように、日本では良心の自由は苦戦を強いられている。しかし、憲法九七条は「この憲法が日本国民に保障する基本的人権は、……侵すことのできない永久の権利として信託されたものである」と受動態で規定し、委託者は神だと解されている(ちなみに、信託は後述するエクイティが創出した制度である)。人権は神から信託された前国家的な固有かつ不可侵の権利であるから、良心の自由は、たとえ憲法に規定がなくても、根本規範として存立する。したがって、例えば、兵役は、今の日本では、軍隊の保持を禁ずる憲法九条二項、及び、苦役からの自由を定める憲法一八条に違反するから認められないが、たとえ憲法九条が改正されて兵役義務が定められたとしても、良心の自由に基づく兵役拒否(良心的兵役拒否)は可能である。

ところで、逆接的だが、信教の自由と政教分離原則とは衝突する場合がある。フランスで一九八九年に公立中学校のムスリムの女生徒が、宗教的シンボルのスカーフを校内で外せとの指導に背いたという理由で退校処分とされた。国務院(行政最高裁判所)は退校処分を取り消したが、二〇〇四年のスカーフ禁止法は公立小中高校の「生徒が宗教的帰属をこれ見よがしに表明する表象ないし服装の着用」を禁止した(第2章「イスラームと良心」参照)。これに対し、日本では、信仰を理由に必修科目の剣道実技を受講せず、原級留置後退学処分となった公立高専生の裁判で、剣道実技の代替措置の採用は政教分離違反だという学校側の主張は斥けられた(最判平成八(一九九六)年三月八日民集五〇巻三号四六九頁)。この判例は、日本の裁判所が前述の目的効果基準により、政教分離を緩和していることの帰結であり、内閣総理大臣の靖国神社参拝等の国家と神道とのかかわりを不問に付そうとする司法の思惑と表裏一体であるように思われる。

裁判官の良心

憲法七六条三項「すべて裁判官は、その良心に従ひ独立してその職権を行ひ、この憲法及び法律にのみ拘束される」の「良心」は一九条の「良心」と同じ主観的良心(主観的な信念や人生観・世界観)か、それとも、裁判官として持つべき客観的良心なのか。多数説は後者で、主観的良心だとすると、裁判が区々《まちまち》になり法を逸脱するので妥当でないと説く。判例は「裁判官が良心に従うというのは、裁判官が有形無形の外部の圧力乃至《ないし》誘惑に屈しないで自己内心の良識と道徳観に従うの意味である」(最大判昭和二三(一九四八)年一一月一七日刑集二巻一二号一五六五頁)、「凡《すべ》て裁判官は法の範囲内において、自ら是なりと信ずる処に従って裁判をすれば、それで憲法のいう良心に従った裁判といえる」(最大判昭和二三(一九四八)年一二月一五日刑集二巻一三号一七八三頁)としており、主観説・客観説双方から自説の根拠とされている。

ただし、憲法や法令というテクストの意味は「解釈者の主観によって定ま」り、憲法七六条三項を「裁判官は自己の良心に従ってこれが「この憲法及び法律」だと考えるところのものにだけ拘束される」と解釈すれば、その限りでは主観説が妥当である(南野森「司法の独立と裁判官の良心」『ジュリスト』一四〇〇号、二〇一〇年、一四頁)。人間は誤る存在だから、絶対的な客観性を良心だと捉えることは、かえって人間の尊厳を無視することになる。新約聖書「ローマの信徒への手紙」二章や旧約聖書「詩篇」五一篇一九節が示すように「神が人間を裁くときは、本人が神の掟を守ったかどうかより、むしろ自分の良心に従ったかどうかを判断基準にすることに注目すべきであ」り、憲法七六条三項は裁判官の良心の自由だけでなく、裁判官の良心に従う義務も意味する(ホセ・ヨンパルト『法の世界と人間』成文堂、二〇〇〇年、一九七頁以下)。裁判官は、法を適用する者であり、常に法と対峙するわけではないが、良心に従い、行政機関や最高裁と異なる法の解釈適用をせざるを得ない場合がある。その限りで、裁判官も良心に従い、法と対峙するのである。しかし、懸念されるのは、法の番人として国民の良心の自由を守るべき裁判官自身の良心の自由が、最高裁事務総局による司法行政の下で侵されているのではないかという点である(南野、前掲、一五～一八頁)。

二　法を支援する良心

裁判の手続を支援する良心

裁判や国会の証人喚問等で証人は「良心に従って真実を述べ、何事も隠さず、また、何事も付け加えないことを誓う」という文言の宣誓義務を負う(民事訴訟法二〇一条一項、同規則一一二条四項。刑事訴訟法一五四条、同規則一一八条二項。議院における証人の宣誓及び証言等に関する法律二条、同三条二項)。

かつて、この宣誓は神に対してなされたため、重い意味があり、小説の素材ともなった(セルマ・ラーゲルレーヴ『沼の家の娘』生田春月訳、『世界文学全集二七　北欧三人集』新潮社、一九二八年所収等)が、現代では宣誓の実際上の効用は疑問視されている。

民法を補強する良心

「契約は守られなければならない」という規範は民法の基本原則であり、個人同士が信頼関係を築くための良心に立脚する。吉野源三郎『君たちはどう生きるか』(岩波文庫、一九八二年)も、約束を守ることが良心に支えられていることを活写する。そして、この規範を信義誠実の原則(民法一条二項「権利の行使及び義務の履行は、信義に従い誠実に行わなければならない」)が補強する。この信義則を具体化した規範として、英米法のエクイティ(衡平法)由来の禁反言(「自己の先行行為と矛盾する行為をしてはならない」)やクリーン・ハンズの原則がある。エクイティはコモン・ロー(判例法)を修正する規範で、中世イングランドの大法官裁判所(この裁判所は「良心裁判所」とも称されることに注目すべきである。哲学者フランシス・ベーコンも務めた大法官は国王の良心の保持者と呼ばれた)で適用された規範群に由来する。クリーン・ハンズの原則とは、救済を求める者は汚れなき手(clean hands)で大法官裁判所の門を叩くべきであり、良心に反する行為等、衡平の原理にもとる行為がある場合には救済を拒否されるという原則である(姦通した女性の前でのキリストの言葉「罪を犯したことのない者が、まず、この女に石を投げなさい」(新約聖書「ヨハネによる福音書」八章)が想起される)。

公序良俗原則(民法九〇条)を具体化した規範として、他人の窮迫、軽率、無経験等を利用し、著しく過当な利益を目的とする行為を無効とする暴利行為禁止原則があり、エクイティにもこれに類する非良心性法理がある。非良心性法理によれば、一方に不当に有利で他方に不当に不利となる内容の契約や、契約締結時に契約内容をきちんと理解させたうえで自由な意思で選択をする余地を与えない手続的に不適正な契約は、非良心的だとして、法的拘束力がなく強制できない。つまり、このような契約は守らなくてもよいとされる。

民法は取引社会における最も基本的な法であり、上記諸原則は当事者の良心に従って民法を補強する(第7章「経済学と良心」、第9章「ビジネスと良心」参照)。

職業倫理としての良心

憲法七六条三項は裁判官の職業倫理として良心に従う義務をも定める。同様に、以下の専門的職業は職業倫理として良心に従う義務を明文化している。これは職業を神の召命と捉えるプロテスタントの信仰と関係があるのかもしれない。

弁護士職務基本規程(二〇〇四年制定)二一条は「弁護士は、良心に従い、依頼者の権利及び正当な利益を実現するように努める」と定める。弁護士は社会正義に反してまで依頼者の利益を実現すべきではなく、それを画するのが良心である。

医師についてはジュネーブ宣言(一九四八年の世界医師会総会で採択)が「良心と尊厳をもって」、薬剤師については薬剤師行動規範(二〇一八年制定)二条が「良心と他者及び社会への愛情をもって」、職務を行うべき旨を定める(第12章「医療と良心」参照)。不動産鑑定士については不動産の鑑定評価に関する法律(一九六三年公布)五条が、「良心に従い、誠実に」業務を行うべき旨を定める。

警察職員は就任の際、「私は、日本国憲法及び法律を忠実に擁護し……良心のみに従い、不偏不党且つ公平中立に警察職務の遂行に当る」旨の服務宣誓が義務付けられる(警察職員の服務の宣誓に関する規則(一九五四年制定))。

日本キリスト教会規則(一九九五年改正)九条三項は「任職式において、教師志願者は日本キリスト教会の信仰の告白および憲法・規則を誠実に受け入れ、教師としての務めを忠実に果たすことを誓約しなければならない」と規定し、牧師(教師)が信仰的良心をもって職責を果たすべき旨を定める。
また、日本学術会議声明『科学者の行動規範(改訂版)』(二〇一三年)は、良心という文言こそ用いていないが、人文・社会・自然科学の学者の良心に立脚した職業倫理を規定している(第11章「科学技術と良心」参照)。

三　キリスト教における国法と良心の関係

新約聖書「ローマの信徒への手紙」一三章は、世俗権力は全て神によって立てられたという根拠で権力への服従義務を定める。そこから国法に服する義務も生ずる。そして、「怒りを逃れるためだけでなく、良心のためにも、これに従うべきです」(同書一三章五節)と説かれる。キリスト教的良心によって、強制や不安からではなく信仰における自由と洞察とに基づき、権力者の定める法に服するのがキリスト者の服従である(宮田光雄『宮田光雄集〈聖書の信仰〉Ⅳ国家と宗教』岩波書店、一九九六年、一九頁)。

ジャン・カルヴァンは『キリスト教綱要』の最終章で統治者への服従義務を説くが、最後に、服従義務には例外があるとする。すなわち、統治者への服従が神への服従から我々を引き離すことになってはならないとし「主なる神は王の王であられるのだから、……我々は全ての者に先んじて彼のみに、また全ての者を越えたお方としての主に聞かなければならない。我々が上に立てられた人に臣従するのは第二義的要件であり、しかも主によってでなければ我々は上なる者に従うこともないのである。神に逆らう命令が発せられるとしても、そのような命令は何一つ認めることはでき」ないと説く(ジャン・カルヴァン『キリスト教綱要　改訳版　第四篇』渡辺信夫訳、新教出版社、二〇〇九年、五六六頁)。

このように、キリスト教(特に改革派)の信仰によれば、世俗権力と国法が神に従っている限りで良心は法を支援し、人は法に従うべきである。しかし、権力が自己を絶対化し、神に逆らう場合には良心は法と対峙し、人は国法に対して抵抗する権利を有する。

世界人権宣言一条「すべての人間は、生まれながらにして自由であり、かつ、尊厳と権利とについて平等である。人間は、理性と良心とを授けられており、互いに同胞の精神をもって行動しなければならない」には新約聖書「ガラテヤの信徒への手紙」やルターの『キリスト者の自由』(石原謙訳、岩波文庫、一九五五年)の響きがある。個々人は信託された良心を互いに愛し合うべく用いつつ、国法への態度を自由に決定するのである。キリスト者にとっては、「キリストにならいて」行為することが「神と共に知る」良心に従う生き方であろう。キリスト教信仰をもたない者の場合には、良心の委託者を誰と考えるか(自己の良心を何のために用いるか)がその人の生き方にかかわる(第1章「キリスト教と良心」参照)。

まとめ

- 昨今、良心の自由を侵す立法や行政の動きが目立つが、良心の自由は神から信託された固有かつ不可侵の権利として、たとえ憲法に規定がなくても存立する。
- 良心は、法と対峙する場合と法を支援する場合とがある。良心がいずれに向かうべきかは、世俗権力と国法が神に従っているか否かで決まる。個々人は信託された良心を互いに愛し合うべく用いつつ、国法への態度を自由に決定する。

〈さらに学ぶために〉

渡辺一夫『フランス・ルネサンスの人々』岩波文庫、一九九二年。ルターの宗教改革に始まるカトリックとプロテスタントの抗争の時代であるフランスのルネサンス期(一六世紀)に生きた、地位も職業も異なる一二人の生涯を通して、良心の自由・信教の自由とは何かを考えさせる。

奥平康弘『治安維持法小史』岩波現代文庫、二〇〇六年。制定時に「濫用のおそれのない制限的な立法だ」と説明された治安維持法は、度重なる改正と拡張解釈・恣意的な運用により、弾圧対象を拡大していった。同法の制定から廃止までの二〇年間を辿る。歴史を繰り返してはならない。

島薗進『国家神道と日本人』岩波新書、二〇一〇年。国家神道の歴史を辿り、国家神道ははたして解体したのかを問う。天皇制、靖国神社、教育勅語の基礎知識を身につけ、良心・信教の自由を考えるのに好適。村上重良『国家神道』(岩波新書、一九七〇年)も併読するとよい。

鵜飼信成『憲法と裁判官――自由の証人たち』日本評論社、二〇一六年。本書前半は良心に従い多くの少数意見を書いたオリヴァー・ウェンデル・ホームズ判事など五名の高名な合衆国最高裁判所判事の評伝である。後半ではエイブラハム・リンカーンを論じた後、冤罪と死刑の問題を論じる。

リヒャルト・フォン・ヴァイツゼッカー『良心は立ち上がる――ヴァイツゼッカー講演集』加藤常昭訳、日本基督教団出版局、一九九五年。大戦に従軍し、戦後は隔ての壁に閉じ込められたドイツ元大統領の深い思索に基づく言葉から、法の下で良心に生きることを学びたい。『言葉の力――ヴァイツゼッカー演説集』(永井清彦編訳、岩波現代文庫、二〇〇九年)も参照。

第５章　新島襄と良心

伊藤彌彦

人間を動機付ける主観的要素としての「良心」、そして「良心」に触発された社会的行動との関連を考察する学問が問われてくる。良心に目覚めても行動を起こさない（起こせない）で「良心の呵責」に悩む人間も多いのであるが、実践的行動に移して歴史的意味を果たす人間もいる。最近ではアメリカ政府の諜報機関が公人や市民から秘密裡に収集していた機密情報を、苦悶の末、自己の良心にもとづき世界に公開したエドワード・スノーデン青年の例がある。二〇一三年のことである。

同志社大学の正門には創立者新島襄の言葉「良心之全身ニ充満シタル丈夫ノ起リ来ラン事ヲ」を刻んだ石碑が建っている。この新島襄が学生たちに熱く語ったのは、「人間の使命」「キャラクター（人物）の養成」「良心の充満した青年」への期待などであった。ところでこれらの言説は、南北戦争後のアメリカでの大学教育の影響を、色濃く刻印したものであった。

ここでは歴史学の観点から、一九世紀アメリカ史のなかの良心言説を一見しておくことにする。実は「良心」が一九世紀のアメリカ精神となったという研究書(D. H. Meyer *The Instructed Conscience: The Shaping of the American National Ethic*, University of Pennsylvania Press, 1972)が出版されているのである。そしてこの時期にアメリカで大学生活を送った新島襄を取り上げて、彼の生涯および教育思想における良心言説を考察しておくことにする。

一　新島襄が生きた三つの世界

幕末の新島襄

安中藩江戸屋敷の下級士族、祐筆の家に生まれた新島襄は、徳川体制下で満二一歳まで生活し一通りの人格形成を終えていた。満一四歳までは、学問好きの藩主板倉勝明の下、蘭学修行の特待生三人の一人に選ばれるなど、順調な人生であった。しかし勝明公が亡くなると、勉学指向型の人生の前途は暗転し、鬱屈した青年期となった。ただし蘭学書で「航海術」を学んでいたおかげで洋船に乗り組む機会を得た。そこで知った外界に触発されて、「洋学修行」名目で合法的に箱館に脱出した後、単身海外に密出国を試みる壮挙に成功したのであった。

新世界アメリカでの新島襄

一八六四年、所持金わずか四両の新島青年は密出国を挙行した。船長の好意で運よく乗船できた米国籍船ベルリン号、上海で乗り換えたワイルド・ローヴァー号での船中生活から異文化接触の時間が始まった。それは一〇年後に明治新政府の旅券で横浜港に帰着するまで続いた。

その間、フィリップス・アカデミー、アマースト大学、アンドーヴァー神学校という当時のアメリカの最高学府で学業を積み、キリスト教に入信し、準宣教師の資格を持っての帰国であった。また一時学業を中断して岩倉使節団の文部理事官・田中不二麻呂に随行してアメリカ各地およびヨーロッパ諸国の教育事情を視察し、新島自身も学校づくりの志を固め、そのための寄付金五〇〇〇ドルまで集めて母国に帰ったのであった。

明治日本での新島襄

人生の第三ステージは一八七四(明治七)年、三一歳の帰国時から始まった。時代は文明開化ブームに沸いていたから、新島襄が志したキリスト教伝道事業と、学校創立事業にとって力強い追い風となり、一年後には同志社英学校を創設した。さらにキリスト教伝道事業や私学同志社大学設立運動を展開中に、病身の新島襄は神奈川県大磯で、満四六歳で客死したのであった。新島には明六社知識人のような著作こそないが、書物派知識人の啓蒙活動とは一味違う生活者としてアメリカ市民社会を肌で知っている者ならではの発言、日本社会批判がなされた点で貴重である。

二　一九世紀アメリカの文化

デモクラシーの国

徳川身分制社会を脱出して新大陸アメリカに着いた新島襄にとってのカルチャーショックは、彼より三〇年前にヨーロッパの階級社会の国フランスから来てアメリカを旅行したトクヴィルの感想と重なるものであろう。すなわち、アメリカという国は階級社会が存在しない国、平等、デモクラシーの国であった。また、中央集権的行政国家ではなく、自発的結社の社会、自由が尊重される国であった。新島にはさらに南北戦争後の一九世紀アメリカ文化の影響が加わった。

アメリカの大学（カレッジ）事情

新大陸に到着した新教徒たちは広大な入植地にタウンを形成し、そのタウン内に自分の教派の牧師を養成する目的でカレッジを作った。つまりアメリカの大学は、誕生時からキリスト教的、道徳的傾向が濃厚な私学が中心であった。南北戦争以前の大学は、学生たちの年齢層も幅広く、学校の規模も、教授陣も、図書も貧相であったという（R・ホフスタッター『学問の自由の歴史Ｉ』井門富二夫・藤田文子訳、東京大学出版会、一九八〇年、二八八頁）。

時代が一八世紀に入ると、大学は教派から自立し、学問の府として発展し始めた。それらは、暗誦から講義形式へ、古典語学習から職業関連科目学習へ、選択履修制度の導入、研究機関としての独立などの動きであった。なかでも顕著なのは神学の縮小と哲学の増大であった。哲学は、自然哲学(natural philosophy)、知識哲学(mental philosophy)、道徳哲学(moral philosophy)の三科目に分化増殖した。

なおこの哲学諸分野は、二〇世紀にかけてさらに分化し、以下のような諸学問に展開したことを付言しておく。今日多くの博士号がPh.D.と称される由縁である。

自然哲学→天文学、物理学、化学など
知識哲学（人間の知的認識関連分野）→形而上学、認識論、論理学、心理学など
道徳哲学（人間の実践行動関連分野）→倫理学、宗教学、政治学、経済学、社会学、歴史学など

依然として徳育優先の一九世紀の大学

一九世紀に入っても、アメリカのカレッジでは知育よりも有徳者づくりが重視されていた。「一九世紀全般のアメリカのカレッジは、伝統を中心に据えていた。つまり、古くさいものの中に思想のよりどころ

となるてだてを求め、生活の細則をキリスト教の中に見出そうとしていたのであった。カレッジは精神に対して教養と規律を与えはしたが、知的な冒険に対しては制限を加えたのであった」(W・P・メッガー『学問の自由の歴史Ⅱ』新川健三郎・岩野一郎訳、東京大学出版会、一九八〇年、三七五～三七六頁)。

この人格形成のために大学側が最重要視した科目が「道徳哲学」であった。「「道徳哲学」は大学最上級生の科目で、目的は分析的精神ではなく社会参加型知性、敬虔な心情、献身的意思を生み出すことにあった。しかし一八三四年までは、「政治経済学」をとる学生から見てもっとも非生産的科目の非生産的授業といわれ、その教師は低く見られていた」という(Meyer, p. 4)。

フランシス・ウェイランド著 *The Elements of Moral Science* の出現

この非生産的科目と言われた「道徳哲学」が一変したことをメイヤーは論じる。アメリカ社会に産業化、都市化が進行し、生活様式にも変化が起きていた時代に、社会内部の知識層、大学学長たちの新しい言説が、時代精神を一変させた。いわゆる「突破」(ブレーク・スルー)が起こり、国民に共通の価値観と方向性があたえられたのであった。具体的に言えば、大学最上級生の人格養成科目「道徳哲学」の新しい教科書の出現がきっかけであった。

それまでほとんどの大学で使用されていたイギリス人ウィリアム・ペイリーの *The Principles of Moral and Political Philosophy* (1785)に代わって、ブラウン大学学長フランシス・ウェイランドの *The Elements of Moral Science* (1835)が出版されたときに「突破」が始まった。この本の出版は大成功し、一〇万部を超えた。さらにはその簡略版が中等教育の教科書として広範に使用された。

メイヤーは「道徳哲学の教科書は、アメリカのなかにヴィクトリア風道徳の学識上の核を形成した。イギリス同様アメリカでもヴィクトリア風道徳主義は、宗教的献身と敬虔の世俗化を表わしていた。教会の権威と聖書の権威は、個人的良心の権威にとってかわられた。……そしてアメリカでは、国家の公共哲学の基礎として古い時代遅れの教理のかわりに公共的倫理、国民宗教(civil religion)が採用された。……とにかくこの国では、かつての伝統的宗教に代わって一種の敬虔な道徳主義が公共および個人の必要を満たすようになった。道徳律はこの国の慣習法(コモン・ロー)の役を果たした」(傍点は引用者)(Meyer, p. 137)という。

ウェイランドらは、啓蒙主義の子として発生した民主主義の巨大な民衆エネルギーを順導し、力でなく徳と知性で社会内に秩序化したのであった。そして「良心」は、一九世紀中葉のアメリカの時代精神を象徴する言葉となった。

新しい論述形式、新しい人間定義

なぜ時勢を一変させえたのか。まず論述構成形式の新しさがある。ウェイランドの新著は理論編と全体の三分の二を占める実践編の二部で構成され、認識論と行動論の区分が特徴をなす。理論編では、道徳の性質、人間の道徳的本性を説明した。実践編では、人間の多様な道徳的、政治的義務を論じ、のちの政治学、法律学、経済学などに展開する社会学的視野をもっていた。この実践編は学生たちを惹きつける魅力をもっていたのである。この二部構成という論述形式は、マーク・ホプキンズやアーチボルト・アレキサンダーらが執筆した他大学の道徳哲学の教科書でも踏襲されていった。

また科学的な人間観が示されていたのも新しい点である。ウェイランドは長くブラウン大学学長を務めた牧師であるが、若き日にニューヨーク州トロイの有名な開業医の下で医学を勉強していた。マーク・ホプキンズはウィリアムズ大学学長職にあった牧師であるが、大学卒業後にバークシャー・メディカル・カレッジで医学を学んでいた。二人とも医学の知識のある牧師であった。つまり一九世紀のアメリカ精神界をリードした道徳哲学の大家たちは自然科学的人間認識をもった牧師であった。これは、一七世紀末からの長い論争の末に一九世紀には、人間研究が『聖書』絶対主義から解放され、人間自体を研究することが神の真理を示すことになるという見解が承認されたからである。

ウェイランドは上記の著書で人間を、身体(body)、知恵(wisdom)、情欲(passion)、良心(conscience)、意思(will)の五要素で説明した(なお福澤諭吉も幕末、渡米したときにこの本を購入し、早速、『学問のすすめ』第八編冒頭でこの人間論を使った。そこではコンシエンスを「至誠の本心」と訳している)。

しかし人間を構成する五要素のひとつに「良心」を挙げたことは、科学的人間定義と神学的人間定義が混ざり合った過渡的定義であることを示している(第13章「脳科学と良心」参照)。人間性を生まれながらにして道徳的と看なしていたのである。ここにも学問形態における神学と科学との過渡期的性格がみられるように思われる。

「宗教は道徳的になったが、道徳は福音主義的になった」(Meyer, p. 138)

キリスト教も変容していた。冷酷な二重予定説の「怒りの神」は敬遠され、「愛の神」のキリスト教が優勢になった。ボストンこそが今や聖地エルサレムであり、「丘の上の町」(新約聖書「マタイによる福音書」五章一四節)とみなされる時代になった。こうしてキリスト教は道徳哲学の「個人の良心」に場所をゆずったが、「道徳哲学」は世俗化したキリスト教となった。

道徳哲学では人間の欲望や感性を否定しないが、さらに次元の高い目標に向けて自己開発を行ない、キャラクター(人物)を完成させる。移り気や主観的感情によるのではなく、理性によって理解し得る客観的道徳律を作らせる(Meyer, p. 64)。道徳的自己開発によって知識と精神を向上させ、良いキャラクターを作る(Meyer, p. 65)。

メイヤーは、一九世紀の高等教育の目的は、アメリカ社会に責任ある道徳的指導を発揮できる教育された階層を生みだすことにあったとする。そして教育ある一般人と牧師とが一体となってヨーロッパからの放逸、不信仰の悪風を防ぐことを求めた、と説明する(Meyer, p. 63)。

新島襄はこのような文化的風土のなかで高等教育を終え、準宣教師として帰国したのであった。

三　日本を文明国にするために

新島襄の人生の第三ステージは、徳川旧体制の問題点を熟知した人間が、一九世紀アメリカで習得した知見を明治新日本に活着させる実践家としての期間であった。

一八七四(明治七)年、文明開化ブームの追い風のなかで、新島は教育事業と伝道事業をすぐに開始した。一年後には同志社英学校を設立したが、そこで新島襄の謦咳に接した学生たちは新鮮な人生観に感化された。あの徳富猪一郎(蘇峰)も「人間は唯だ生活するばかりでなく、更により大なる目的の為に生活するものであつて、人間の生活は畢竟、高尚なる奉仕の為にするものであり、人間の価値は奉仕する心の純潔と熱誠とに依つて、定まるものであると云ふ事を教へたのは、新島先生である」(徳富猪一郎『蘇峰自伝』中央公論社、一九三五年、一〇九頁)と回顧している。

「使命感をもった人生」「キャラクター」「良心」などは、一九世紀中葉のアメリカ精神を代表する言説だったのであるが、若い明治日本で説かれると、それは、徳川体制下の人間類型からの脱却を促す新しい意味を帯びた。

たとえば、ホンネとタテマエの使い分けは徳川専制社会の悪習であった。新島襄は日本人のなかに「ウソツキ」が今なお流通する社会構造的悪習を問題視して「ウソの通行する国たるは明らかなり。我が日本も亜細亜《アジア》の東海に位して神国とも君子国とも云いて慢《おご》りたる国柄も、この風習あるは遺憾にあらずや」(「人種改良論」『新島襄　教育宗教論集』岩波文庫、二〇一〇年、二七六頁)という。目上の者の意向に合わせて本心を偽って生き延びる二重倫理、その卑屈文化を克服するのが良心教育であった。

新国家建設への積極的提言としては、「文明」を構成する四要素として知識、財産、自由、良心を挙げていた(同書、二八三頁)。そして「小生畢生の目的は、自由教育、自治教会、両者併行、国家万歳、小生の心情、ご洞察下さるべく候」(『新島襄の手紙』岩波文庫、二〇〇五年、三〇一頁)と書くのであった。

つまり新島襄は、私学による自由教育を提言して、青年を鋳型にはめるような官立学校教育を批判した。自治教会が象徴するのは、ボスが上から仕切る会議方式ではなく、自発的結社としての下からの民主的会議方式であった。その根源には日本人を「良心」にもとづく独立個人、主体者に育てるという目標があった。これが国家論に展開されると、「同志社大学設立の旨意」に説くように、「一国の良心とも謂《い》うべき人々」「一国の精神となり、元気となり、柱石となる所の人々」(『新島襄　教育宗教論集』三二頁)が担う文明国づくりとなる。

まとめ

・徳川体制社会の抑圧を自覚した新島襄は、鎖国の禁を破りアメリカに渡ることに成功し、デモクラシーの国で大学教育を受けた。

・そこでは世俗化したキリスト教文化、道徳哲学による「良心教育」が、一九世紀アメリカの時代精神になっていた。
・明治新日本に帰国した新島襄は、良心にもとづく独立心ある中等市民を育成して日本を文明国に変えようとした。

〈さらに学ぶために〉

J・D・デイヴィス『新島襄の生涯』北垣宗治訳、小学館、一九七七年。ともに同志社を創設した同僚による、同時代の新島襄の思想と行動をまとめた評伝。

同志社編『新島襄の手紙』岩波文庫、二〇〇五年。新島襄は「書簡の人」とよばれ、英文、和文の膨大な書簡が残っている。その中から、人柄や言行や交友関係を示す手紙を時系列で精選し、全文掲載したもの。旧岩波文庫『新島襄書簡集』とは全く別本。

同志社編『新島襄　教育宗教論集』岩波文庫、二〇一〇年。教育事業家、伝道事業家であった新島襄の核心的思想を、Ⅰ教育論、Ⅱ宗教論、Ⅲ文明論の三部編成で紹介する。

同志社編『新島襄自伝　手記・紀行文・日記』岩波文庫、二〇一三年。幕末、一九世紀後半のアメリカ、明治新日本の三世界を駆け抜けた波乱にとんだ生涯を、手記、日記などに残された自筆の記録を年代順に再編成し、紹介したもの。

現代語で読む新島襄編集委員会編『現代語で読む新島襄』丸善、二〇〇〇年。新島襄の手紙や手記、日記などを現代語に読み下した選集。また新島襄の人となりを示す資料として写真、スケッチも豊富に収載。

II

社会生活における良心

第6章 社会福祉と良心

木原活信

今日にいたるまで社会福祉の偉大な先駆者の多くは、その内面にある良心が福祉実践の原動力、起爆剤となっていると語っている。つまり、彼らは社会問題を見て、良心の痛みを感じ、それを見て見ぬふりができず、「善きサマリア人」(新約聖書「ルカによる福音書」一〇章二五〜三七節)的行動をとった。

ところが社会福祉学において、良心と福祉実践がどのように関係するのかについてこれまで十分に研究がなされてきたとはいえない。そのようななかでも、良心と社会福祉をとりあげた研究がある。例えば、室田保夫は、『キリスト教社会福祉思想史の研究――「一国の良心」に生きた人々』(不二出版、一九九四年)で、明治大正期に活躍した同志社にかかわる社会事業家を紹介している。彼らは、新島襄が「同志社大学設立の旨意」(一八八八年)のなかで提唱した「一国の良心」を社会の暗黒のなかで体現させたような人物であった。本書は、精緻な歴史研究として評価されているが、その「良心」が一体何であり、それがどのように福祉実践に影響したのかについて未だ十分に検証はなされていない。以下では、良心がどのように社会福祉と関連づけられるのかについて考えたい。

一　コンパッションと良心

良心(conscience)は翻訳語であり、「良い・心」という道徳的な意味合いに限定されるものではなく、con＋science「共に・知る」という意味である。それは、元々、古典ギリシャ語のシュネイデーシス、「共に知る」「共知」というのが原義(直訳)である。新約聖書でもこの「良心」は、例えば「きよい良心」good conscience(『使徒言行録』二三章一節)、「邪悪な良心」evil conscience(「ヘブライ人への手紙」一〇章二二節)、「正しい良心」good conscience(「テモテへの手紙一」一章五節・一九節)などの用例(直訳したものとみられる新改訳およびＮＫＪ訳)がある。日本語訳に付随する「良」がすでに一定の価値判断を含むので誤解されるが、これらの用語法は、元々「良心」自体には「良い」「悪い」という価値判断的な要素やその含意がないことを示している(総説「良心学とは何か」参照)。

コンパッション

社会福祉学では、良心とよく似た概念として、コンパッション(compassion)がある。詳細は、木原活信「福祉原理の根源としての「コンパッション」の思想と哲学」(『社会福祉学』四六―二、二〇〇五年)を参照されたい。一般的に compassion は「共感」と訳されるが、ラテン語では com＋passio (cum＋pati)、つまり「共に」＋「苦しむ」という意である。この原義はギリシャ語のスプランクニズマイであり、文字通り訳せば、「腸《はらわた》がちぎれる」という身体感情を示す言葉である。日本語で「断腸の想い」という用語に近いが、その意味からすると「共感共苦」と訳すべきであろう。*Oxford Advanced Learner's Dictionary* によると、compassion は a strong feeling of sympathy for people who are suffering and a desire to help them となっており、類語の pity には距離を感じさせ、sympathy には排他的親密さを感じさせるニュアンスがあるが、コンパッションは、これらの距離と排他性を伴わない概念である(Henri Nouwen *Compassion: A Reflection on the Christian Life*, Garden City, N.Y.: Doubleday, 1982)。

福祉実践と良心、コンパッションの関係

このコンパッションは、聖書では、神から人間への特別な愛情表現を示す用語として使用され、イエスのたとえ話にしばしば見いだされるものである。「放蕩息子」の帰りを待つ父親の想い(新約聖書「ルカによる福音書」一五章一一〜三二節)、善きサマリア人の傷つき倒れた人への想い、などである(日本語訳聖書では、「あわれに思い」「かわいそうに思い」と訳されているが、原義のニュアンスはこれでは伝わらない)(第1章「キリスト教と良心」参照)。

以上述べてきた良心、コンパッション、福祉実践の連関は、次のように考えることができる。たとえば、周囲には気づかれない(承認されていない)深刻な差別や、排除があったとしよう。これをある人が知り、本人のなかでそれが内面化され、社会問題への自覚が生じる過程がある。これが「良心」(共知)の作用であると言える。宗教的には神への応答によって鮮明化される。さらに、その個人の内側で、それが揺り動かされるような衝動が感じられ、当事者と同一化される作用(コンパッション)が生じる。そしてもはや黙っておられなくなり、それに応答して一歩行動に踏み出して福祉実践がはじまる。その行動が、他者へと「共鳴」し、循環的に別の人々の「良心」(共知)にループするように次々と飛び火して、市民的運動へと発展することがある。それが社会的に承認されて、時代状況のなかで、社会変革や、先駆的な福祉運動、実践の働きとなる。

ボランタリズムと共鳴

一九世紀の欧米のクェーカー、メソジスト、ブラザレンらのプロテスタントによる生活困窮者、精神障害者、児童らを対象としたボランタリーな福祉活動、そしてそれに連動した一九世紀末から二〇世紀初頭にかけての社会福祉の源泉となったセツルメント運動(スラム街などに、知識、富を持つ者が持たざる者と共に住み込んで支援する福祉活動)、COS運動(恣意的な慈善事業を脱して、それを組織化して合理化を図る福祉活動)などはその典型的な例である。それがまさに集中的に巨大なエネルギーとなり、近代の社会福祉を形成していった。

日本でも同様である。日本古来の思想や仏教の影響もあるが、近代社会福祉の形成に著しい影響を及ぼしたのはプロテスタントである。明治時代に宣教師らによりキリスト教が導入されて以来、各地で欧米的なボランタリズムが発芽していった。特に新島襄の継承者たちである「良心派」「同志社派」と言われる会衆派キリスト教徒の福祉実践への働きは顕著である。また個別にはプロテスタントの影響下で、山室軍平(救世軍)、留岡幸助(北海道家庭学校)、石井十次(岡山孤児院)、石井亮一(滝乃川学園)、賀川豊彦(セツルメントほか)らの福祉実践家の活動がある。彼らの行動パターンは、その時代の社会問題、差別構造の実情を知らされ、それを自らの問題として自覚し(良心の作用)→その苦しみに自らの立場を重ね(コンパッションの作用)→自ら解決のための実践・行動を起こして→それが他者、社会へ共鳴し→やがて社会に承認されていく、という一連の流れで説明することができる。つまりは、まずある問題を問題として内在化させ自覚すること・知るということ、すなわち良心の働きがその原点になっている。

二　ジェーン・アダムズと良心

ジェーン・アダムズ(Jane Addams 一八六〇〜一九三五)

ノーベル平和賞を受賞し、「社会福祉の良心」「アメリカの良心」と言われたのがジェーン・アダムズである。彼女の父ジョンは、銀行、製粉業を経営する大資産家であったが、政治家としても、リンカーンを親友としてサポートした人物である。ジョンは「内なる光」としての良心の働きをことさらに強調するヒックス派クェーカーであり、これがジェーンの福祉思想形成に影響を与えた。

ところが彼女は、この恵まれた裕福な家庭環境にありながら、幼い時に実母を亡くし、継母との確執、家族問題、健康問題などにより苦悩し、医大在学中に、父を亡くしたことを契機に心身ともに衰弱し、一〇年近く「長い漂流」生活を経験する。自叙伝によると、この破綻と苦悩から抜け出すため療養を兼ねて欧州に遊学したが、その際に起きたある出来事によって、「良心に目覚め」福祉実践に転じた。それはマドリードの闘牛見物であった。傷心の彼女はスペインの闘牛見物が気にいった。しかし同伴した友人スター(Ellen Gates Starr)から、犠牲になる牛に対する思いやりのない残虐さを厳しく咎められた。闘牛見物自体が咎められることには多少の違和感があるが、彼女自身の受け止め方は違っていた。彼女は資産家の自分を見物客と同一視し、貧困者や労働者を殺される牛になぞらえたのである。つまり闘牛を資本家と労働者の格差問題の投影と捉え、自らを差別者と糾弾して痛恨の「眠れぬ夜を過ごし、泣き明か」した。激しい「良心」の痛みを感じ、その深い内省により、貧しい困窮者にコンパッションした。

良心と福祉実践

実際、彼女はこの出来事を機に予定変更をして、急遽ロンドンのスラム街へ向かい、トインビー・ホール(Toynbee Hall)を訪問し、そこで実習をした。トインビー・ホールは、一八八四年に設立された世界最初のセツルメントで、オックスフォード大学等の学生たちが貧しい人たちと共にスラム街に住み込み、その生活を支援するボランティア活動を行っていた。ジェーンはその影響を受け、帰国後の一八八九年にスターと、シカゴのスラム街にハル・ハウス(Hull House)というセツルメントを創設して社会事業を開始した。当初は、貧困者の地域教育的なプログラムを実施したが、やがて彼女は慈善事業の限界を知り、近代産業都市の社会問題を社会悪であると自覚(共知)し、その解決に向けた社会改良運動を展開した。これは、世界最大規模とも言われるセツルメント運動となった。なかでも児童労働保護、児童公園創設、移民の生活支援は市民を巻き込むだけでなく、法制化を伴う政策となった。ケリー、アボット姉妹、ラスロップ、ハミルトンなど後にアメリカ史に名を残す錚々たる女性たちも参画し、またジョン・デューイ、ウィリアム・ジェームズらの学者たちも共鳴し、支援したことにより、近代福祉の基盤が形成された。長い苦悩から立ち直ったジェーンは、良心の痛みを経験してから二〇年後には、女性として初めて全米慈善・矯正会議(NCCC)の会長に選出され、当時のアメリカの社会福祉界においてもっとも影響力をもつ人物となった。

良心と平和運動

ところが、一九一七年にアメリカが第一次世界大戦に参戦したことを契機に状況が一変する。彼女は移民支援をしてきたドイツやイタリアの市民を守る決意を表明し、また「良心」と、恒久平和の観点から参戦に反対表明し、その先頭に立って平和運動を展開した。これを機に、ハル・ハウスの同僚たちが「赤狩り」で検挙され、彼女自身も「もっとも危険な女性」というレッテルを貼られて公的立場を失っていく。それ以降は、福祉運動よりも平和運動、女性運動へと、国際的な活動に舞台を転じる。彼女は社会保障法が成立した一九三五年に永眠したが、ある歴史家が同法を彼女の遺産であると述べたように社会福祉の形成に多大な影響を与えた。

彼女の業績は枚挙にいとまがないが、それらは実は彼女の内面にある「良心」が起爆剤となっている。そして生活に苦しむ当事者にコンパッションし、それが個人の内面に留まらず、多くの同志が共鳴して市民的共感を呼び、世界規模の運動となったことで近代の社会福祉事業の形成に寄与することとなった。

三　山室軍平と良心

山室軍平（一八七二〜一九四〇）

「同志社の良心」と言われ、また「日本の社会福祉の良心」とも言われる山室軍平は、石井十次、留岡幸助らと並んで日本の三大社会事業者の一人と評価されている一方で、日本を代表するキリスト教伝道者の一人と称される人物である。その生涯と事業の特徴は、理性によって合理的に判断して計画的行動をとるというより、内なる良心の声に忠実に従うというものであった。

同志社と山室軍平

山室は一八七二年に岡山に生まれたが、すぐに養子に出された。そこを家出したあと、東京で活版工として働き一六歳で路傍伝道を通してクリスチャンになった。そして一八八九年、新島襄の唱える「一国の良心」という思想に憧れ、同志社に入学した。苦学しながら、自らの貧しかった生い立ちや労働者の経験と、学問としての神学とのギャップから在学中に「良心に目覚め」、石井十次の創設した岡山孤児院の支援、濃尾大震災での子供たちの救出、支援活動などの福祉実践に傾注していった。また新島襄の死後、当時の同志社の学風において、欧米の自由主義神学の影響が強くなったことに反発し、伝統的な福音的キリスト教を堅持しようとする彼は「良心」的葛藤を覚え、最終的に一八九四年に同志社を退学した。その後、実際の社会問題の解決と、誰にでも分かりやすくキリスト教を宣教することとをモットーにしていたが、「合鍵」となる救世軍と出合い入隊する。自叙伝によると、その前後に聖霊による「聖潔《きよめ》」という神秘体験を機に、神への献身を決意したというが、この神秘体験は、先に述べた良心の神への応答とも理解でき、これが人生の転機となった。

良心の実践

救世軍とは、英国のウイリアム・ブース(William Booth)が創設したキリスト教社会事業団体であるが、現代では世界最大規模の民間の社会福祉組織でもある。山室は、日本救世軍で様々な日本社会の闇の部分である社会問題の解決に尽力した。特に、当時モノ同然に扱われた娼婦たちの問題では、その生い立ちや苦悩を「知らされ」(共知)、その苦しみを自らの苦しみと重ね合わせ(共感共苦)、その解決のため娼妓廃業に尽力して、遊郭廃止を訴え、その利権に絡む闇組織と対決した。また貧苦に喘ぐ貧困者や失業者のために労働紹介所を設置した他、貧困者への無料食事サービス(慈善鍋)も行った。さらに誰も目を向けなかった児童虐待を認識(共知)し、その問題解決の先駆として、児童虐待防止法等の立法成立にも貢献するなど、「良心を手腕に」(「同志社大学設立の旨意」)実際の行動に示して、社会悪と闘い続けた。また『平民の福音』(一八九九年)を執筆したが、これはキリスト教を社会の底辺で苦しむ労働者へ届けるという意味で、日本のキリスト教文献の古典中の古典として評価され、海外にも多数翻訳されるなど七百刷を超える一大ベストセラーとなった。

その神学的特徴は、信仰においては敬虔な福音主義の立場を貫徹したが、教会に座すだけの信仰を痛烈に批判し、現場主義的で、自らの良心の痛みから、社会の底辺に苦悩する人々の現実問題に実際に応えた。結果的にキリスト教の福音と社会問題解決を一体として捉えた。今日的言い方をすると、宗教的には保守、政治的には左派ということになろう。

良心に基づき、貧しく小さき者の友として生涯を生き抜いた「偉大な同志社退学者」は一九四〇年死去するが、後に「同志社の良心」「もっとも同志社人らしい人物」「一国の良心」と言われ、同志社大学のクラーク記念館には「同志社出身者中最大の人物」として山室を記念して「神ト人道ノ為ニ」と銘打ったタブレットが今も飾られている。同志社で育まれた一人の良心が、他者の苦悩に対して、共に呻き、共に苦しみ、それが共鳴し、近代日本の社会福祉形成に大きな影響を及ぼしていった証左である。

まとめ

- 良心（共知）は、社会福祉問題への発見とその自覚を促し、それがコンパッション（共感共苦）されるとき実践行動の起爆剤となる。
- そして社会のなかで共鳴されて市民的運動となって社会的に承認されれば、福祉の法制化への一助となることがある。
- 新島襄が「一国の良心」と呼んだものは、山室軍平のように、一人の良心にはじまり、それが共感共苦されて、社会が共鳴し、一国にまで拡がっていく連鎖的イメージを指していた。
・良心は、過去の話だけではなく、社会的排除、差別、格差、自殺など、現代が抱える深刻な社会問題の発見と自覚にも重要な概念である。

〈さらに学ぶために〉

ジェーン・アダムス『ハル・ハウスの二〇年――アメリカにおけるスラム活動の記録』柴田善守訳、岩崎学術出版社、一九六九年。福祉実践に身を投じた人物の良心の葛藤を描いた自叙伝である。社会福祉学のみならず、社会学の古典であり、文学作品としても高く評価されている。

クリフォード・ホイティンガム・ビーアズ『わが魂にあうまで』江畑敬介訳、星和書店、一九八〇年。精神衛生運動の先駆者ビーアズの自叙伝である。自らの妄想、幻聴の発症の経緯が記され、当時の精神病院の劣悪な環境も記述されている。精神科医マイヤーや心理学者ジェームズらが共鳴したことによって、この運動は精神障害者の理解、社会福祉の専門性向上、地域精神医療への方向付け等の実現につながった。

室田保夫『キリスト教社会福祉思想史の研究――「一国の良心」に生きた人々』不二出版、一九九四年。新島襄につらなる「一国の良心」の系譜として、社会福祉実践に生きた人物を複数とりあげ紹介している。

木原活信『「弱さ」の向こうにあるもの――イエスの姿と福祉のこころ』いのちのことば社、二〇一五年。社会福祉と良心の関係と、それに基づく行動指針をキリスト教信仰の立場から書いたエッセイ。

第7章　経済学と良心

八木　匡

良心を語る上で、人々の経済行動と市場における需要と供給の均衡を分析する経済学は、深い洞察と知見を与える学問である。本章では、利己的欲求と社会的視野の両面を持ち合わせた人間が、市場および社会で様々な関係性を構築する中で、良心を発揮することがどれほど重要であるかを議論すると共に直面する課題を明確にする。

一　「神の見えざる手」の本質と良心

市場メカニズムの役割

一九八〇年代後半から九〇年代にかけて続けざまに起きた社会(共産)主義経済体制の崩壊は、市場メカニズムに基づいた資本主義経済体制の優越性を誇示することになった。競争的市場メカニズムが存在する場合には、品質改善と生産費用の削減努力を怠った企業は、市場において淘汰され、消滅することになる。

このような競争的市場メカニズムにおいて重要な役割を果たしているのが価格メカニズムである。生産者も消費者も、市場で決定される価格をシグナルとして、それぞれ生産量および需要量を決定する。ある価格の下で決定される供給と需要が一致せず、超過需要または超過供給が生じる場合には、需給を一致させるように価格が調整される。

この価格メカニズムが持つ重要な意味は、「経済主体が経済全体の資源配分について、何らの配慮をすることなく、競争的市場均衡において資源が最も効率的に配分される」ことである。これは厚生経済学の第一基本定理として理解されている。

アダム・スミスが、効率的な資源配分をもたらす市場経済の機能と生産性向上の根幹的概念を明確にした『国富論』(全四巻、水田洋監訳、杉山忠平訳、岩波文庫、二〇〇〇～二〇〇一年)の中で提示した概念である「神の見えざる手」の本質は、価格メカニズムの役割を示したものであると言ってよいであろう。各経済主体は、利己的に行動し、経済および社会全体のことなど何ら考えることも無いにもかかわらず、価格メカニズムの存在によって、経済社会は自動的に調和が達成され、効率的な資源配分が達成されるのである。

市場の失敗と所得分配の不平等

アダム・スミスは、『国富論』の出版の一七年前にあたる一七五九年に『道徳感情論』の第一版を出版しており、一七九〇年に亡くなる直前に出版した第六版まで改訂し続けている。この事実からも、スミスにとって、『道徳感情論』がいかに重要であったかが理解できる。

各経済主体が利己的な行動を取っていたとしても、最適な資源配分が達成されることを主張していたスミスが、なぜ『道徳感情論』を最期まで重視していたのかを考えることは重要であろう。『道徳感情論』(上下巻、水田洋訳、岩波文庫、二〇〇三年)において、スミスは、観察者達の存在によって、利己的な経済行動を行う個人を、公正な自由競争の枠に収める役割を果たす「同胞感情－同感(sympathy)」の概念を提唱し、利己的個人が市場において平和的に共存できる条件として位置づけている(第3章「哲学と良心」参照)。

市場では常に見知らぬ人と交換を行うため、人間関係の遠い者同士が常に互いの観察者となる。この観察者の存在によって、人々は自己中心的な行動を抑制せざるを得ないことになる。「神の見えざる手」の概念を提示しながら、「同感」の概念を強調せざるを得なかった理由として考えられるのが、価格メカニズムに基づく市場メカニズムの限界である。経済学の中では、その限界について数多くの研究が行われてきた。最も一般的に提示されている市場の失敗要因として、(1)外部性(外部経済・外部不経済)、(2)公共財、(3)情報の非対称性、(4)規模の経済性、等が挙げられている。

上記の中で、良心の問題と密接に結びついている市場の失敗要因として、(3)情報の非対称性がある。食品の産地偽装などはその一つの例と言える。産地偽装がもたらした問題は効率性の低下である。産地の偽装を防ぐために、いろいろなルールが新たに設定され、産地および流通経路を表記する必要が生じた。この例は、たとえ少数の企業であるにしても、良心に反する行為を行った場合には、市場全体の効率性が大きく低下することを示している。

情報の非対称性に基づく市場の失敗の中には、ルールの設定によって抑えることが困難な例もいくつか存在する。重要な例として、医師と患者との間における情報の非対称性に基づいた過剰医療を挙げることができる。過剰な検査等の過剰医療に対して患者が拒否を表明することは容易ではない。しかし、経済全体では過剰医療という非効率性が発生し、長期的には健康保険財政の悪化と保険料の上昇といった形で患者負担が生じることになる。

規模の経済性に基づいた市場の失敗は、経済のグローバル化が進むにつれて、より深刻なものとなる。国内市場規模に比べて、グローバル市場の規模は数十倍に拡大する場合も多く、規模の経済性がもたらす競争優位性は圧倒的になる可能性がある。特に、ソフトウェア等に代表される知的財産権などは固定費用である場合が多く、市場規模が大きくなるほど、平均費用を低くすることができる。このような競争では、グローバル企業が競争優位に立ち、所得と富の偏在が進むことになる。

こうした規模の経済性に基づく独占的巨大企業の成立は、資本主義的競争経済の限界をもたらすことになる。一つは所得と富の集中であり、もう一つは独占利益の発生である。問題は、このような優越的地位を得た企業が、国際社会の一員としてどのように振る舞うかであろう。タックスヘブンを用いて納税額を抑えようとするのか、財団を設立して、長年に亘って社会貢献を続けるかでは大きな差があると言えよう。

二　リーマンショックと貪欲資本主義

リーマンショックを生んだ非倫理的行動

二〇〇八年に米国で起きたリーマンショックは、証券化されたサブプライムローン(低所得層に対する住宅ローン)債権を、デリバティブ(金融派生商品)の技術を駆使して資本市場で過剰に流通させたことにより、住宅バブルの崩壊と共に金融システムが崩壊したものである。このリーマンショックの背景には、良心が欠如した貪欲資本主義のプレイヤーが存在しており、非倫理的経済活動が原因となって経済システムを崩壊させたという意味において、重大な経済事件であったと言えよう。

その非倫理的経済活動とは、次のようなものを含んでいる。まず、ローン債権を証券化することにより、第一番目の貸し手はローン貸し付けのリスクを回避できたため、返済能力を審査することなく、サブプライムローンを過剰に貸し付けたことである。サブプライムローンは、リスクは高いが、金利が高いため、収益性の高い金融商品に転換でき、住宅価格が上昇している間は担保価値上昇により、大きな需要が発生した。しかし、放漫な融資は、サブプライムローンのリスクの増大をもたらし、住宅バブルの崩壊と共に、サブプライムローンを組み込んだ金融商品の価格を暴落させることになった。

もう一つの非倫理的経済活動は、格付け機関が顧客を逃がさないために、サブプライムローンを組み込んだ金融商品に対して高い格付けを付与したことである。

リーマンショックによって貪欲資本主義の本質と背景にある良心の喪失が明らかになった後、多くの経済学者は資本主義体制の課題に対して、真剣に向き合わざるを得なくなった。章末の参考文献にあるセドラチェク(二〇一五)は、価値中立的に装っている経済学の数学モデルには、実は善・悪の価値判断が常に内包されており、善と悪についての本質的な議論が必要であると主張している。悪とは何かを一般的に語ることは難しいが、貪欲に利益を追求したり、競争相手を蹴落として市場を奪ったりする行為等を悪と考える人は多いだろう。

経済社会における貪欲の意味

しかしながら、一八世紀前半の思想家マンデヴィルは、「悪徳は偉大にして強力な社会と不可分である」と主張している(バーナード・マンデヴィル『続・蜂の寓話――私悪すなわち公益』泉谷治訳、法政大学出版局、二〇一五年)。この言葉の裏には、社会に悪が存在することは、当然であるという考え方がある。悪の存在を否定せず、悪から善という高みをめざすことが、人間社会においては現実的な対応だと述べている。

マンデヴィルの主張の裏側に存在する第二の重要な点は、人間の動機付けの問題である。貪欲さは、しばしば克己心を強め、人々に努力をもたらし、社会を発展させる原動力となっている。悪行が存在しなくとも、怠惰と安楽と無知が社会を支配すれば、技術や科学の発展も起きず、社会の進歩は生まれてこないという論理である。

リーマンショックの例は、人間の貪欲さが努力に結びつくことなく、楽をしてお金を儲けることに奔走する場合には、経済を破綻の淵に追いやることを示している。人間の欲望の中には、「楽をしたい」という欲望も存在しており、この欲望が社会に対してもたらす効能はほとんど無いと言ってよいであろう。

三　悪行の心理的構造と組織の腐敗構造

悪行の心理的構造

行動経済学は、心理的要因を考慮に入れて、人々の経済行動を分析する学問として一九八〇年代以降、急速に発展している。中でも良心との関連で特筆すべき研究は、アリエリーの『ずる――嘘とごまかしの行動経済学』(櫻井祐子訳、早川書房、二〇一二年)であろう。彼はズルをはたらく心理的構造を明らかにする試みを行ってきており、ある意味で悪を科学的に解明しようとするものである(第13章「脳科学と良心」参照)。

彼が行った仮説検証実験の中で興味深いのが、ごまかしをはたらく場合における心理的抵抗感がどのような状況で影響を受けるかについてのものである。実験によって明らかになった重要な点は、ごまかしを正当化する理由が存在する場合には、ごまかしをする心理的コストが低くなり、容易にごまかしをすることである。逆に、社会規範に照らし合わせながら、自らの良心に行為の妥当性を問いかけた場合には、ごまかしをしないことが明らかになっている。

このような行動経済学における分析結果は、個々の個人が独立した状態にある場合の良心について示唆を与えるものである。しかしながら、現実の社会において、人々は様々な組織に所属し、その組織の中での関係性において良心を発揮して行かざるを得ない。非倫理的行動も、個人的な利害において行われるだけでなく、組織の利害が関係して行われる場合が多い。

組織の腐敗構造

本章では、組織の中での良心を考えた場合、組織のリーダーの良心と組織のメンバーの良心とがどのように関係しているのかを考察する。ここでは組織のリーダーに良心が欠如している時に、どのような条件において、どのようなメカニズムで何が生じるかを考える(第9章「ビジネスと良心」参照)。

ある企業Aを考えた時に、企業のリーダーが権威主義的であり、組織の利害よりもリーダーの個人的利害をより重視している状況を仮定する。社員には二種類のタイプがあり、第一のタイプは革新的アイディアを持ち、会社の発展を最優先する発想を持っているとする。第二のタイプは保身的であり、権威にすり寄り、なびくタイプであるとする。

個人的な利害を優先するリーダーにとって、組織の発展を考え、革新的なアイディアを持っている社員の存在を疎ましく感じる場合が多い。これは、こちらのタイプの社員のほうがリーダーの利己的行動を批判する可能性が大きいからである。それに対して、権威にすり寄り、なびく社員は、リーダーの利己的利益を追求する上において好ましい存在となる。

これは、良心の欠落したリーダーにとって、良心の欠落した社員が必要となることを示唆している。社長が保身のために、部下に対して粉飾決算を指示したときに、権威主義がはびこる組織であれば、社員は良心に沿った行動を取った場合の期待利得が低いため、社長の指示に従って粉飾決算を行う可能性が高い。権威主義がはびこる組織とは、良心に反した指示を行う社長に対して、組織のメンバーの多くが無条件に従い、反抗するものが少ない組織を意味する。

このようなメカニズムが存在している場合には、組織の腐敗は加速度的に進むことになる。組織においいて権威主義が強まれば、権威になびくタイプの社員の比率が増大し、革新的アイディアを持つ社員は、正論を言いにくくなる。また、失敗の可能性のある挑戦的なアイディアを上司に受け入れてもらえる状況でなければ、部下は革新的アイディアを提示しにくくなる。このように、組織内における権威主義は、革新的社員を減少させる危険性があり、権威主義の増長は、組織の発展を妨げる危険性を強く持っている。

したがって、組織のリーダーの良心と組織メンバーの良心が整合的になるためには、組織のリーダーが無私に振る舞い、社会の発展と整合的な組織の発展を考えて行動するだけでなく、組織における権威主義を弱め、組織のメンバーが良心に基づいた行動と発言を自由に行えるようにする必要がある。

まとめ

・効率的な資源配分をもたらす市場メカニズムの役割を示す「神の見えざる手」の概念は、「同感」を基礎とした経済主体の倫理的行動を前提としたものである。
・市場メカニズムには限界があり、情報の非対称に基づく非倫理的行動、規模の経済性に基づく独占利益の発生と所得・富の偏在を市場で解決することはできない。
・貪欲な経済主体の行動は、それが努力と結びついていない場合には、経済を破綻させる危険性を持っている。
・組織のリーダーは、無私の心で行動し、組織における権威主義を弱めることにより、組織の発展をもたらすことが可能となる。

〈さらに学ぶために〉

トーマス・セドラチェク『善と悪の経済学』村井章子訳、東洋経済新報社、二〇一五年。古代の神話の中にある経済的な思想を探ることによって、現代の経済学の中に生きる神話的要素を明確化する試みを行っている。

ダン・アリエリー『予想どおりに不合理――行動経済学が明かす「あなたがそれを選ぶわけ」』熊谷淳子訳、早川書房、二〇一〇年。行動経済学の考え方を明確に解説しており、人間行動を科学的に解明する手法を理解できる。

ブルーノ・S・フライ&アロイス・スタッツァー『幸福の政治経済学――人々の幸せを促進するものは何か』佐和隆光監訳、沢崎冬日訳、ダイヤモンド社、二〇〇五年。幸福を科学的に扱う試みをはじめた研究として著名であり、幸福感を高める社会・経済システムとは何かを問うている。

ジョナサン・ハイト『しあわせ仮説――古代の知恵と現代科学の知恵』藤澤隆史・藤澤玲子訳、新曜社、二〇一一年。道徳心理学者が、脳科学と心理学の研究成果を活かしながら、徳と幸福との関係性を議論しており、人間の本質を理解する上で重要な文献である。

ポール・J・ザック『経済は「競争」では繁栄しない――信頼ホルモン「オキシトシン」が解き明かす愛と共感の神経経済学』柴田裕之訳、ダイヤモンド社、二〇一三年。神経経済学のパイオニアとして、人々の共感能力に基づく行動原理を明らかにし、社会における協調行動と人間の生理的特性との関係を分析している。

第８章　環境問題と良心

和田喜彦

経済は、わたしたちの生活を支える様々なモノやサービスを産み出してくれる仕組みであり、経済のお陰でわたしたちの生活は便利で豊かになり得る。しかし、一方で、経済活動が人間の生活や生態系に壊禍をもたらすこともある。足尾銅山鉱毒煙害事件や水俣病などの公害事件がその典型である。また、経済の仕組みについてのイデオロギー対立、その帰結としての核開発、そして代理戦争も環境破壊を引き起こし、人体を蝕んできた。ベトナム戦争では、米軍による枯葉剤の散布が土壌や水を汚染し、被害は長年に渡り発生し続けている。

本章では、第一に、環境汚染と人権侵害に対し良心をもって立ち上がった田中正造を、「良心の実践者」として紹介する。第二に、戦後の公害被害者救済と脱原発運動に情熱を傾けた人びとを取り上げる。第三に、軍備拡張と戦争による環境破壊について考える。

一　足尾銅山鉱毒煙害事件と田中正造の良心の実践

足尾銅山鉱毒煙害事件の時代背景

足尾銅山は栃木県日光市足尾地区(旧上都賀郡足尾町)に位置している。一五五〇年、銅鉱脈が発見され、採掘が始まった。江戸時代、銅生産が盛んな時もあったが、享保期以降は衰退し、幕末維新のころは廃山同然だった。

一八七七(明治一〇)年に古河市兵衛が鉱山を購入し、西洋近代技術を採用した結果、一八八四年に銅の大鉱脈が発見され、増産に転じた。その後わずか十年足らずで全国の銅生産の四割を占めるようになった。同時に環境の悪化が深刻化していった。渡良瀬川で鮎が大量死したり、周囲の森林の枯死が拡大したのである。一八九〇年には大洪水が発生し、栃木・群馬両県で鉱毒による被害が発生、農産物収量が激減した。このことがきっかけで鉱毒反対運動が活発化していった。

田中正造という人物

田中正造(一八四一～一九一三、栃木県佐野市出身、衆議院議員六回当選)は、一八九一年、第二回帝国議会で鉱毒事件の加害企業(古河財閥)と政府の責任を追及した。一八九六年、再び大洪水が発生。翌一八九七年、田中正造は再び帝国議会で操業中止を訴えた。しかし、政府は、銅生産を中止させず、不完全な排水沈殿池を造ることでお茶を濁そうとした。一九〇一年、田中は国会議員を辞職し、決死の覚悟で天皇に直訴を試みたが失敗に終わる。一九〇三年、明治政府は加害企業や国の責任を曖昧にしたまま、谷中村を遊水池にするため廃村にし、二千五百人余りの住民を強制的に追い出す計画を発表。田中は、翌年谷中村に転居し、約百人の村人とともに徹底的な抵抗運動を展開した。しかし、谷中村は一九〇六～〇七年に強制廃村となる。谷中村を追われた村民たちは、北海道サロマベツ原野などで過酷な生活を強いられた。

谷中村の闘いと田中正造の開眼

田中正造は、その財産を被害住民救済運動のために使い果たし、臨終の際の所持品は、書きかけの原稿と新約聖書、小石三個、鼻紙、日記三冊、帝国憲法とマタイ福音書の合本のみであった。田中正造は、キリスト教に改宗しなかったが、聖書の教えに強い影響を受けた。その経緯は、以下のようである。

三〇歳の時(一八七〇年)田中は江刺県の役人となり、花輪分局(現在の秋田県鹿角市花輪)勤務を命じられた。翌年三一歳の時(一八七一年)、上司殺害の疑いで逮捕・投獄され、三年間の獄中生活を送った(後で冤罪として無罪確定)。その生活は極めて過酷であったが、獄につながれて一年後の一八七二年一一月、西洋の近代法を模範にした「監獄則」が制定され、年が明けて一八七三年になると生活が一変した。「一夜の間に地獄のかわりて極楽」になったと、田中は喜びを表現している。西洋近代法は、獄人でも人間としての尊厳を認めることに感激したのである。こうして田中は、西洋近代思想に対する関心を深め、そのバックボーンのひとつであるキリスト教も熱心に学ぶようになった。

すなわち、田中は、新井奥邃、内村鑑三などとの交流を通し、キリスト教に強い影響を受けた。より正確には、キリスト教が彼の政治的姿勢と住民運動の根本原理・エネルギー源となったのだ。田中は、谷中村で一日も一刻も休まず村民救済のための多忙な毎日を送っていたが、そのさなかに聖書研究に情熱を燃やした。「それは谷中の戦いが、聖書の実行にほかならなかったからである」(林竹二『田中正造——その生と戦いの「根本義」』田畑書店、一九七七年、二〇九頁)。聖書は、田中正造にとって環境と住民の権利と尊厳を守る政治運動、住民運動のエネルギーの源泉であり、羅針盤、ガイドブックでもあったのだ。

その後、田中の信仰は大きく変化していく。六四歳で谷中村に入った田中は、当初「飼うものなき綿羊の如き人民」を導く羊飼いになろうとしていた。しかし、六九歳(一九一〇年)の時、関東大洪水にあたっての残留民との体験から、愚かと見える農民の知がいかに豊かであり、普遍的であり、根本的であるかを悟った。解放・救済の良き音信は知者や力ある者を通してではなく、むしろ「無学な者」「無力な者」「世の無に等しい者」(新約聖書「コリントの信徒への手紙二」一章二七節・二八節)を通してくることを、田中はこの時期、身をもって知った。「見よ、神や谷中にあり、聖書は谷中人民の身にあり」と述べている。田中にとって、谷中は神と出会う場所となったのだ。

ここに、田中は、「共に知る」という意味での「良心」を体感したのではなかろうか(総説「良心学とは何か」参照)。自らが谷中人民への熱い思いを持つと同時に、谷中人民の熱い思いを知ることとなって、彼の運動は、彼と谷中人民両者共有の運動となった。田中正造の運動と信仰からわたしたちが導き出すべき教訓とは、支援者と支援される側の「双方向の共感」が構築された時に、真の「良心」が発揮されるというものではなかろうか(第1章「キリスト教と良心」、第6章「社会福祉と良心」参照)。

田中正造の遺産と良心の伝播

田中正造の努力は徒労に終わったのではなかった。住民の権利や住民自治を守ろうとする行動力を伴った隣人愛・良心は、多くの弟子たちに引き継がれていった。たとえば、住友財閥の別子銅山では公害対策が施され、日立鉱山では、高煙突拡散が採用されたのであるが、これらの成功の背後には、必ず被害者による住民運動があった。その中心人物が目標とする人物は、田中正造であった(宇井純「日本の公害体験」、吉田文和・宮本憲一編『環境と開発』岩波書店、二〇〇二年、六二頁)。その結果、鉱山会社は、外部費用を内部化せざるを得なくなったのである。

二　公害と原子力公害に抗う人びと

公害病患者に寄り添った人びと

一九四〇年代後半から熊本県水俣市周辺でネコが狂い死にするなどの奇妙な現象が起き始めた。そのうち人間にも視野狭窄、手足の麻痺や痙攣、狂騒などの症状が現れ始めた。一九五六年四月末、五歳の田中静子が新日本窒素肥料株式会社水俣工場附属病院に担ぎこまれた。細川一院長が五月一日に保健所に報告し、これが水俣病公式確認となった。三年後の一九五九年には熊本大学の研究班が原因物質は魚介類に含まれる有機水銀であることをほぼ突き止めた。しかし、東京大学や東京工業大学の教授らがこの説を批判し、原因は曖昧にされた。政府は一九六八年になってはじめて有機水銀原因説を認め、有機水銀を含む排水を垂れ流していたチッソ水俣工場の操業を停止させた。有害物質は公式確認から一二年間にわたり水俣湾に排出され続け、不知火海の対岸の島にまで被害を拡大させたのである。

有機水銀は塩化ビニールの原料であるアセトアルデヒドの生産工程で副産物として発生したものである。そのアルデヒドの生産量は、一二年間で減少するどころか、むしろ増産された。日本政府と加害企業が被害を防止する責任を放棄し、塩化ビニールの生産力の増強を優先させた証拠でもある（第７章「経済学と良心」、第９章「ビジネスと良心」参照）。

そのような時代に、少数ではあったが患者に寄り添った医師や科学者、作家、ジャーナリストたちがいた。筆頭は、熊本大学医学部の原田正純である。原田は、半世紀にわたり、水俣に通い続け、水俣病患者の診断と救済に奔走した医師である。胎盤は毒物を通さないという医学の常識を覆し、「胎児性水俣病」の発見をした医学者でもある。原田は、水俣病を起こした真の原因は、工場廃液ではなく、「人を人と思わない状況」（差別）であると主張している。技術的な問題以前に、根源的な原因は、加害企業や政府の人権意識の希薄さと差別意識であると訴えた（第12章「医療と良心」参照）。

東京大学工学部で応用化学を専攻した宇井純も被害者を支援し続けた人物の一人である。宇井は、東京大学工学部の助手を長らく務めながら、足繁く水俣に、そして新潟水俣病が発見されると新潟にも通い続けた。

宇井は、「公害というのは当事者になった人が一番詳しくなる。実は被害者が一番よく知っている、住民が一番よく知っている」と述べている。この発見は、田中正造が谷中村で悟った、愚かと見える農民の知がいかに豊かであり、普遍的であり、根本的であるかという開眼体験と似ていることに驚かされる。

さらに、宇井は、公害の原因は、人を人とも思わないことにあると看破した原田の主張と同様に、わたしたちの心のありかたに問題があるからだと指摘している。すなわち、「公害のおそろしさは、表面にあらわれた被害のはげしさよりも、更に大きな精神面の荒廃にある」と述べている(宇井純著、藤林泰・宮内泰介・友澤悠季編『公害に第三者はない(宇井純セレクション2)』新泉社、二〇一四年、二一頁)。倫理観と「良心」の欠如が問題の根幹にあると主張しているのである(第11章「科学技術と良心」参照)。

原発に立ち向かう人びと

他の事例も見てゆこう。小出裕章は、東北大学工学部原子核工学科出身であり、専門家の立場から、原子力発電の矛盾点を告発し続ける技術者である。小出は長年、京都大学原子炉実験所(現・京都大学複合原子力科学研究所)に勤務し、二〇一五年三月に定年退職した。小出の卓越したところは、原発に反対する理由が、単に技術的な危険性の問題だけでなく、エネルギーや物質の大量消費を基調とする経済システムそのものの問題、すなわち経済的な問題であるとする点である。また、それ以上に小出が重視するのは、原子力発電が差別を前提として成り立っている点(都会は原発の便益を受ける一方、過疎地が放射能汚染の被害を引き受けざるを得ないという差別）である。さらに、原子力発電がウラン鉱山や原発の作業員、検査要員のように被曝労働を強いられる人びとの犠牲の上に成り立っている点、将来世代への責任を果たしていない点など、多様な倫理的問題を内包していることを指摘する。技術者でありながら、原子力エネルギーの最大の問題を倫理的問題、心の問題であると位置づけたのは、公害についての化学を専門とする宇井の主張と重なるものがある（第11章「科学技術と良心」参照）。小出研究室には田中正造の大判の写真が掲げてあった。田中正造を師と仰ぐ小出の人生観を彷彿とさせる。

原発が無い長野県で一九七〇年代から脱原発運動を開始した坂田静子はキリスト教徒の立場から、原発の危険性と倫理的問題を問うた。坂田は、原発は全ての過程で犠牲を強いるものであると主張し、使用済み核燃料という高レベル放射性廃棄物が未来世代を苦しめることへの良心の呵責を禁じ得ず、「われわれの先祖は罪を犯してすでに世になく、われわれはその不義の責めを負っている」という、旧約聖書「哀歌」五章七節の言葉を引用している（坂田静子『聞いてください――脱原発への道しるべ』オフィスエム、二〇一一年、一一頁）。

三　軍拡・戦争による環境破壊と良心

核兵器・劣化ウラン弾開発に抗い枯葉剤の被害者に寄り添う人びと

ロザリー・バーテルは、ウラン採掘と製錬、核実験、原発事故、劣化ウラン弾、レアアース採掘と製錬などから発生する放射性物質など、多様な発生源からの有害物質による被害者に寄り添い続けた医師・疫学研究者であり、カトリックの修道女でもある。劣化ウランは、核燃料や核兵器製造時のウラン濃縮過程で発生する放射性廃棄物である。比重が高い劣化ウランを対戦車砲の砲弾の頭に付けると戦車を貫通・爆破させる能力を得る。劣化ウランという放射性廃棄物を使った兵器が湾岸戦争やイラク侵攻などで大量に使用され、広大な大地が汚染された。結果的に異常出産や湾岸戦争症候群(倦怠感、息切れ、がん、泌尿生殖器の極めて稀な疾患、造血器や血流系の障害、悪性リンパ腫など)が引き起こされている。彼女はカトリック修道女としての信念と良心に基づき、科学的な根拠を示しつつ被曝被害の実態を告発し、人命を軽視する核関連の軍産学複合体と国際放射線防護委員会(ICRP)を批判し続けたエネルギッシュな医師である。一九七九年にアメリカ・ロチェスターで命を狙われる事件に遭ってもひるまず、勇気と覚悟を持って被害者救済のために奔走し続けた。多大な貢献により、ライト・ライブリフッド賞など多数の賞を受賞している。

アサフ・ドラコビッチは、放射線防護を専門とする医師として米軍の医療機関に勤務していたが、劣化ウラン弾の危険性を内部告発したことで、職場を追われた(第4章「法と良心」参照)。二〇〇四年と二〇〇五年に来日し、日本での劣化ウラン弾問題の啓発と研究者との研究交流を行った。

坂田雅子はドキュメンタリー映画監督であり、前述の坂田静子の次女である。ベトナム戦争に従軍した経験を持つ夫が、帰還後三〇年経過した時点で肝臓がんにより急逝したことがきっかけで、枯葉剤(エージェント・オレンジ)の被害に関するドキュメンタリー映画を作成。現在もベトナムで健康被害が四世代後にまで受け継がれていること、毎年五万人の先天性異常の子どもが生まれていること、米国人のベトナム帰還兵やその家族にも被害が多発している実態を告発している。実践的な活動として枯葉剤被害者の子どもたちを対象とした奨学金「希望の種」を主宰している。また、母である坂田静子の遺志を引き継ぎ、放射線被曝の問題にも取り組んでいる。

本章で紹介した人びとは、社会的に弱い立場の人びとへの共感力や、温かい眼差しの持ち主である(第6章「社会福祉と良心」参照)。一方で権威や権力に対して批判すべきは遠慮なく批判する大胆さと勇気を持ちあわせている（第4章「法と良心」参照）。行動力・実践力の面でも卓越している。まさに、「良心を手腕に運用するの人物」たちである。

まとめ

・水俣病患者に寄り添う人や原発の問題を指摘する人びとは、公害や原発に反対する理由として、技術的な問題、健康へのリスクなどの問題以上に、倫理観と「良心」の欠如、差別、精神の荒廃が大きいと主張している。

・田中正造は、谷中村で、愚かと見える農民の知がいかに豊かであるかということに気付き、救ってあげようとする「上から目線」を反省した。宇井純は、公害について実は被害者や住民が一番よく知っていることを発見した。二人による共通の発見は、支援者と支援される側の「双方向の共感」が構築された時に、真の「良心」が発揮されるという教訓を導き出した。

・軍拡・戦争は、環境破壊を引き起こす。軍産学複合体などからの強力で暴力的な圧力に対峙する勇気と「良心」と行動力が必要である。

〈さらに学ぶために〉

三浦顕一郎『田中正造と足尾鉱毒問題――土から生まれたリベラル・デモクラシー』有志舎、二〇一七年。

田中正造の伝記として、ぜひお薦めしたい書である。

栗林輝夫著、西原廉太・大宮有博編『日本で神学する（栗林輝夫セレクション1）』新教出版社、二〇一七年。第二章と一一章において田中正造の信仰と谷中村での闘争について言及している。「神や谷中にあり」と明言した田中正造はキリスト教をどう理解したのか、田中は聖書をどのように読んだのか、を深く知ることができる秀作。

宇井純著、藤林泰・宮内泰介・友澤悠季編『原点としての水俣病（宇井純セレクション1）』新泉社、二〇一四年。東大自主講座「公害原論」を主宰し、公害病患者の実態解明と公害に対する社会の認知度を高めることに貢献した宇井純の業績と生き方を知るための最新の研究成果である。

ロザリー・バーテル『戦争はいかに地球を破壊するか――最新兵器と生命の惑星』中川慶子・稲岡美奈子・振津かつみ訳、緑風出版、二〇〇五年。経済活動や戦争、兵器開発による環境破壊の実態を克明に解説した力作である。

若尾祐司・木戸衛一編『核開発時代の遺産――未来責任を問う』昭和堂、二〇一七年。核の軍事利用と平和利用が世界各地で推進された結果、ウラン鉱山・製錬所や核実験場、原発などの核関連施設等で放射能汚染が顕在化した。世界各地での現地調査を踏まえた研究結果が多数紹介されている。

第9章 ビジネスと良心

北　寿郎

ブラック企業という言葉を聞いたり見たりすることが多くなっている。ブラック企業とは、従業員への過剰な長時間労働やサービス残業の強要、職場におけるパワハラや差別などを容認するような企業である。大量に採用した若者を過重な長時間労働で使いつぶし、その穴を埋めるためにさらに若者の大量採用を繰り返す外食関連企業や、サービス残業とパワハラで入社一年目の女性社員を自殺に追い込んだ広告代理店などがその代表格とされている。一方、高度成長を支えてきた終身雇用・年功序列という日本型雇用システムを堅持しつつ、ワーク・ライフ・バランスの充実のほか、身障者雇用や女性管理職比率を高めるダイバーシティ施策を推進する企業がホワイト企業と呼ばれ、大学新卒者の就職市場での人気が高い。世の中では、ホワイト企業を「良心的な企業」、ブラック企業を「良心的でない企業」と評することが多いが、このような表面的な違いで企業の良心の有無を考えてよいのであろうか？

企業はビジネス活動の主体となる組織である。企業の定義には様々なものがあるが、簡潔にいえばモノやサービスといった財を市場に提供することにより利益を得て、それを原資にさらなる成長を目指す存在である。成長する企業は、雇用を拡大し、税を納めることによって社会に貢献する。その一方で、企業はその経済活動によって大気汚染、水質汚濁、騒音などの公害（第8章「環境問題と良心」参照）や企業の過度集中による都市の過密化に伴う通勤難、住宅難、精神障害（第12章「医療と良心」参照）などの社会的損失を与える存在でもある。こうした観点からすれば、良心的な企業と良心的でない企業の違いは、成長する過程における社会的貢献と負担のバランスの問題と捉えることもできよう。

ビジネスにおける良心という問題については、その時その時の企業の振る舞いに対して、企業倫理やコーポレートガバナンス（企業統治）、さらには、企業の社会的責任という観点から語られることが多い。しかし、これらには企業のもっとも重要な責務である成長による社会への貢献という観点が欠落している。本章では、ビジネスにおける良心の問題を、人々が豊かさを享受できる社会の実現に貢献できる企業、すなわち持続的に成長し社会に豊かさをもたらしうる企業こそが良心的な企業であるという視点に立った上で、企業の持続的成長の原動力であるイノベーションと良心の関係をもとに論じてみたい。

一　イノベーション――新しい価値の創造

一九五八年の『経済白書』でイノベーションが「技術革新」と翻訳され紹介されて以来、日本では、イノベーションとは革新、革新的な技術開発を意味するようになった。その結果、研究開発に注力し革新的な新技術を生み出すことが企業のイノベーション活動であり、研究開発を促進する政策がイノベーション政策であるという誤解が蔓延している。

そもそもイノベーションとは、労働力や生産設備、資金、技術、情報、販売チャネルや顧客ベースといった様々な経営資源を組み合わせることによって新しい価値を実現する行為である。この概念を最初に提唱したのがケインズと並び称される経営学の泰斗、ヨゼフ・シュンペーターである。彼は『経済発展の理論』（一九一二年）において、経営資源の新結合によって従来にない新しい価値を生み出すことがイノベーションであり、イノベーションこそが経済の発展をもたらすものであると論じている。また、イノベーションは模倣されるものであるという宿命を持っており、経済発展のためにはイノベーションは絶え間ないサイクルで繰り返されねばならないと主張した。

シュンペーターの定義に従えば、イノベーションこそが成長のための企業活動そのものであることが判る。

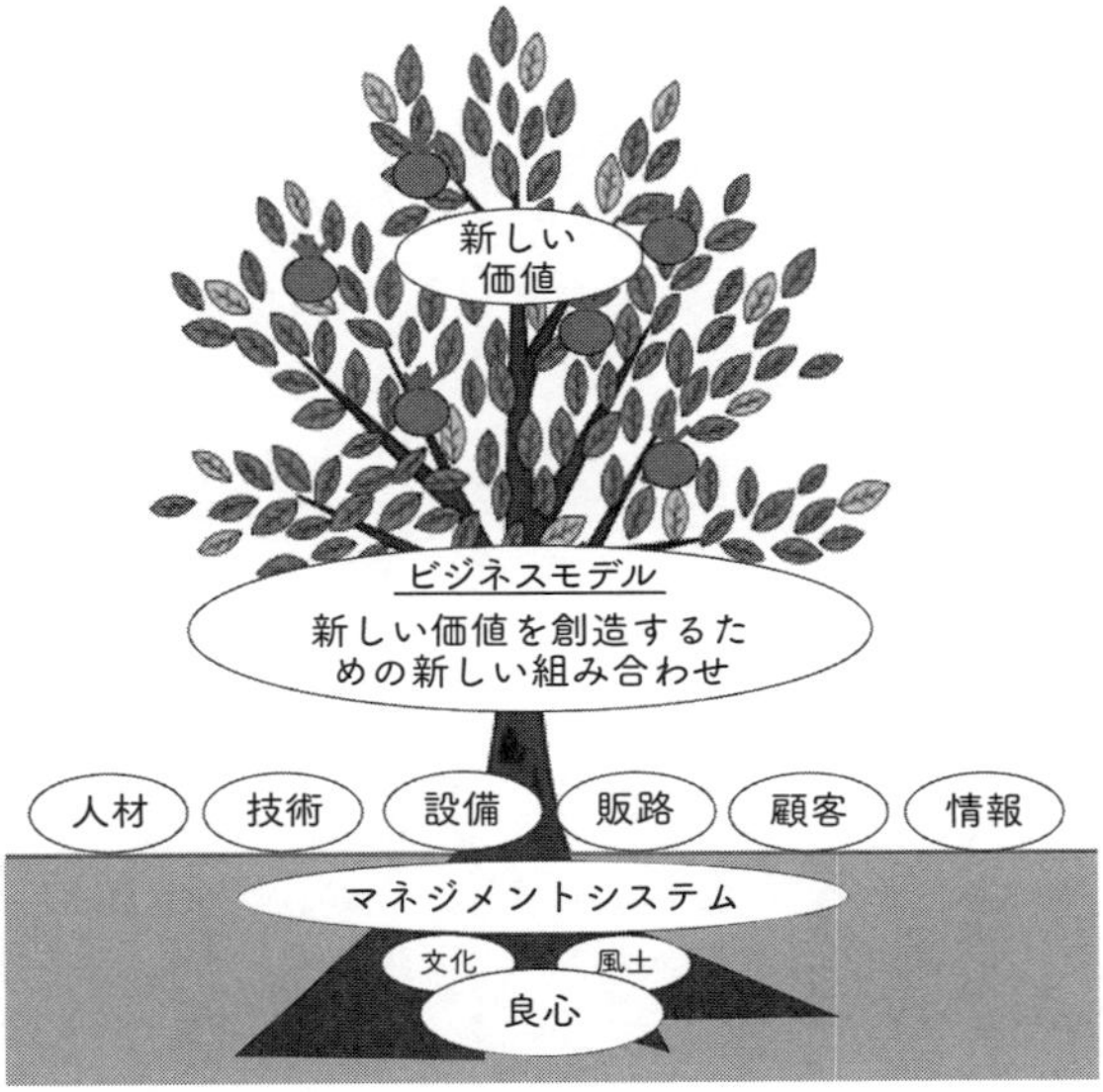

企業は成長するために、既存の経営資源の組み合わせを変えたり、新しい経営資源を付け加えたりすることによって実現した新規な製品やサービスを市場に投入する。新規な製品やサービスは価値そのものであり、それが市場の顧客に受け入れられれば、その企業は成長できる。このようなイノベーションによる企業の成長を考えるときに参考になるメタファー(隠喩)がある。それは図に示すような顧客や競合さらにはパートナーも存在するビジネスという生態系の中の「木」のメタファーである。このメタファーでは、企業が生み出す新製品や新サービスが木に実る果実、この果実(価値)を生み出すイノベーションシステムすなわちビジネスモデルが木の幹、そ

の幹を支える木の根っこが人材、資金、技術、製造ノウハウ、顧客ベース、企業の組織やそのマネジメントシステム、さらにはそれらを支える企業文化や風土といった経営資源やそれを使いこなす組織の能力ということになる。人の良心が人としてのあり方を支える心の中にあるとすれば、企業の良心はそれを支える根っこの部分に存在し、そこには企業の文化や風土をはじめとする様々な経営資源や組織能力が深く関わっている。いわば、良心も企業にとっての重要な経営資源のひとつであるといえよう。

イノベーションの成果である新製品や新サービスが市場にいる顧客に受け入れられれば、そこで得られる利潤が栄養として企業という木の根っこを強くし、企業をさらに成長させる。次節では、イノベーションを起こせなかった企業、一旦はイノベーションに成功しながら、それを持続できなかった企業、それらの失敗企業を尻目にイノベーションを次々と繰り返しながら成長していく企業、その違いを念頭に、イノベーションの成功と持続について、良心という観点から論じてみる。

二　良心——企業成長のエンジン

人は生まれた時から良心を持っているわけではない。生まれ落ちた時に「天上天下唯我独尊」と言ったとされる釈迦は別として、聖人といわれる人達でも生まれたばかりの赤ん坊の頃はお腹が空けば泣き、眠くなればぐずる暴君のような存在である。人は成長する中で自らの学習や経験によって良心を育み、その良心の発露のありようによって評価される。

企業にも人と同じような良心があるとすれば、それは木の成長を支える根っこの中に存在する企業のアイデンティティとも呼べるようなものであろう。国営企業や官営企業を別として、ほとんどの企業は、最初は創業者を中心とした極めて小規模な組織と限られた経営資源でスタートする。創業者はイノベーションを継続的に起こし、企業を成長させたいと願う。そして、いくつかのイノベーションにおける成功を積み重ねていく中から、さらなる成長のための強く健全な根を作り上げようとする。企業における良心はこの根の健全さに相当するものであり、それぞれの企業が成長してきたプロセスの中で作り上げられた、極めて経路依存性が強い企業独自のものであるといえよう。

イノベーションとは、前述したように様々な経営資源の新しい組み合わせによって新しい価値を創造する行為である。競合に打ち勝ち、企業が持続的に成長していくためには模倣されにくい独自の経営資源を組み合わせることが重要である。技術や製造設備、販売チャネルなどの経営資源は程度の差こそあれ他社による模倣から逃れることは難しい。秘匿性の高い様々なノウハウであっても然りである。ところが、企業が成長する中で培われてきた良心は、まさに他社には絶対真似のできないその企業固有の経営資源である。強く健全な根に支えられた企業は、その良心に裏打ちされた価値ある製品やサービスを生み出し、それが市場の顧客に支持され、さらなる企業の成長につながっていくという好循環が生まれる可能性を有している。

しかし、企業における良心は、市場環境の変化や強力な競合の出現、さらには経営者の交代等によって簡単に変質することが多い。日本を代表する企業であるパナソニックやソニーは、その創業者である松下幸之助、井深大・盛田昭夫の創業時の理念や想いを色濃く反映した松下イズム、ソニーイズムといわれる企業独特のアイデンティティを体現した様々な製品を生み出し、それらが世界中の消費者に受け入れられ成長してきた企業である。消費者はこれらの企業の作る高品質・高性能そして適価な製品をその「良心の発露」と評価し、それらの企業を積極的に支持してきた。しかし、グローバル化などがもたらした市場における競争環境の変化は、これらの企業の経営のあり方に影響を与えた。バブル崩壊後の日本経済低迷の中で、将来を見据えたさらなる成長を実現するため、パナソニックは創業者の名前を冠した松下電器産業という社名を変え、ソニーはエレクトロニクスを主力とした事業形態を金融やエンターテイメントを含む多角化に大きく変革させた。その結果起こったことは何だったのか？「我々の生活に新たな価値を与えてくれる」としてこれらの企業を支持していたかつての消費者は既にパナソニックやソニーを特別な企業とは見なさなくなっている。一部に松下イズム、ソニーイズムへの回帰の動きもあるが、未だ往時の輝きは取り戻しきれていない。いささか厳しすぎる見方かもしれないが、この二つの企業は、それまでの成長を支えてきた企業の根っこにある企業のアイデンティティ、すなわち良心を維持し、より良いものにするよりも、市場環境の変化や強力な競合の出現に対応するために欧米流の目に見える形でのビジネスモデルやマネジメントシステムへの「チェンジ」を重視したドラスティックな経営革新を選択した結果、苦境に陥ってしまったといえるかもしれない。

三　変化するビジネス環境における良心の重要性

産業革命以降の工業の近代化の中で、企業が成長するためには技術や人材、製造ノウハウといった貴重な経営資源を独占するだけでなく、研究開発から販売にいたるまでの様々な企業活動をできるだけ自前で行うべきであるという、所謂クローズドイノベーションの有効性が指摘されてきた。日本企業も一九五〇年代後半から七〇年代半ばにかけての高度成長期の中で、関連企業・下請け企業のグループ化も含めたクローズドイノベーションシステムの構築に邁進してきた。

しかし、トーマス・フリードマンが『フラット化する世界——経済の大転換と人間の未来　増補改訂版』（上下巻、伏見威蕃訳、日本経済新聞出版社、二〇〇八年）で指摘したように、ビジネスのグローバル化とインターネットの普及による国境の概念の希薄化や情報・教育・技術格差の解消が、クローズドイノベーション重視の考え方を根底から覆しつつある。特に、経済の面では一部の大企業が市場を支配し、技術の面でも研究開発の担い手が欧米や日本という一部の国と地域の大企業や大学・研究機関に限られていた時代から、アップルやアマゾン、グーグルのようなベンチャー企業が世界を席巻し、世界中から革新技術が生まれてくるような地殻変動が起こる時代にいたり、経営資源、特に技術を外部から導入するという考え方が一般的になりつつある。単に必要な経営資源を手に入れるだけでなく、時には競合も含めた様々なパートナーと良好な関係を構築し、提携やジョイントベンチャー、企業買収という手段を駆使してイノベーションを実現しようとする取り組みも盛んになってきた。これがオープンイノベーションである。さらに、このオープンイノベーションの中から、顧客を含めた全てのステークホルダーとともにイノベーションを実現し、その果実を彼らと共有する「共創」という考え方が生まれてきた。競争に勝ちイノベーションの果実を独占するためのクローズドイノベーションから、協力し果実を共有するオープンイノベーションと共創への変化、これが今ビジネスの世界で起こっているパラダイムシフトである。

日本企業もこの大きな流れに対応すべく、オープンイノベーションや共創への傾斜を強めつつある。しかし、彼らが重視しているのは、外部技術の目利きのやり方やパートナーの選定基準あるいは利潤の再分配比率といった極めて表層的な事柄ばかりである。ビジネス環境そのものの大きな変化に対応できるマネジメントシステム改革ができるのか？　自社の企業文化や風土に、オープンイノベーションや共創という取り組みを阻害するような問題は存在していないのか？　新しいマネジメントシステムを使いこなせる確固たる良心は存在しているのか？　このような視点からの議論の重要性はほとんど認識されていないようである。これこそ、日本企業の最も大きな課題である。

前述のパナソニックやソニーも含めほとんどの企業は、技術やアイディア、創業者の想いを核とした小さな種から芽を出し、根を張り、成長してきた。当初から十分な資源があったわけではない。その中で創業者たちは夢を語り、従業員やパートナーと思いを一つにして、優れた製品やサービスを市場に提供した。その結果として企業は成長しただけでなく、顧客を含めた社会から尊敬される存在になった。松下幸之助が率いた松下電器産業はその典型例である。これは日本企業に限った話ではない。古くはヘンリー・フォードのフォード自動車、新しくはジェフ・ベゾスのアマゾンもこのような企業である。

しかし前述したように、パナソニックやソニーのような企業でさえ、環境の激変の中でその良心を見失ってしまう。これに対処する明快な解を提示することは、幸之助ほどのビジネスの才もなくシュンペーターほどの学問の才もない私にとって至難の業であるが、一つの対応策として以下の提案だけはしておきたい。それは、クローズドからオープンそして共創へと大きくビジネス環境が変わる中で、企業がこれまで歩んできた道を振り返るとともに、今後に向けた自社のミッションやビジネスを再定義し、それを実現するためのビジョンや戦略の再構築を行うことである。その上で、自分たちの新しいビジネスのありようやそれを実現するための考え方を、かつての幸之助のように従業員やパートナー、顧客を含めたステークホルダーに語りかけ、彼らとの協力関係をベースにイノベーションを起こし、成長を目指すというものである。これが今私が考える「企業に求められる良心の発露としてのビジネスのあるべき姿」である。

まとめ

・企業はイノベーションを継続的に実現し、成長することによって社会に貢献する義務を負う。その義務を果たしうる企業が良心的な企業である。
・企業の良心は創業者の想いや理念等を核として、企業が成長する過程で形成される極めて経路依存性の高い貴重な経営資源である。しかし、企業は急激なビジネスの環境変化の中で、しばしばその重要性を忘れてしまう。
・グローバル化やオープン化というビジネス環境に対応するためには、企業はもう一度、自らのビジネスを見つめ直し、その中から次代を切り開くための良心をはぐくみ育てていく必要がある。

〈さらに学ぶために〉

松下幸之助『道をひらく』PHP研究所、一九六八年。松下幸之助が自分の体験と人生に対する深い洞察をもとに綴った短編随想集である。企業経営者としての良心のありようを考えさせられる。

ヘンリー・チェスブロウ『OPEN INNOVATION――ハーバード流イノベーション戦略のすべて』大前恵一朗訳、産能大出版部、二〇〇四年。オープンイノベーションが、なぜ重要なのかを理解できる好著。

バリー・J・ネイルバフ&アダム・M・ブランデンバーガー『コーペティション経営――ゲーム論がビジネスを変える』嶋津祐一・東田啓作訳、日本経済新聞社、一九九七年。企業は常に競争(competition)するのではなく、ある時点では協調(cooperation)関係を維持することが、企業の成長に重要だと説く。

第10章　スポーツと良心

下楠昌哉

スポーツには良心が深く関わっているのではないか、と人々が想像しうる局面は数多い。ドーピングに手を染めるアスリート、勝つためにルールすれすれの行為に走るトップ選手、縁がある場所が被災した際に自らの仕事であるはずのスポーツに集中できなくなるプロ選手、アマチュア主義に取って代わったオリンピックの商業主義、スポーツ指導の現場における暴力の問題……。その全てを本章で取りあげるのは不可能であるし、良心との関係のみに限定して考察してもあまり実りが無い事例も多い。例えばドーピングについては、応用倫理学内の一ジャンルであるスポーツ倫理学において、社会的・倫理的・法的な複雑な諸相を含む現象として、すでに学問的に高度な考察がなされている。そこで問われているのは当事者であるスポーツ選手個人の良心だけではなく、社会におけるスポーツをめぐる環境、法による規制のあり方、特定のスポーツ種目、あるいはスポーツ界全体の「共同体としての良心」などである。また、スポーツにおけるドーピングを含む薬物使用についての社会学的な研究成果であるアイヴァン・ウォディングトン＆アンディ・スミス『スポーツと薬物の社会学――現状とその歴史的背景』（大平章・麻生享志・大木富訳、彩流社、二〇一四年）では、「道徳的な義憤という安易な表現に終始するのではなく、むしろそのような現象への理解を高める」（二一一頁）ことが研究の目的とされている。

良心がスポーツに関する研究においてその力を発揮するのは、良心を中心として対象をとらえようとした時ではなく、個別の問題を検証するにあたって「良心という心の窓」から新たな視点で対象の考察を試みる場合のように思われる。このような観点から、スポーツの諸相と良心との関係をいくつかの具体的な事例に絞って考察してみる。

一　スポーツで得た徳性を日常生活に活かすには

同志社体育会の3F

二〇一六年五月に、バルセロナ・オリンピック柔道銀メダリストの溝口紀子氏を迎えて良心学研究センターが主催した公開シンポジウム「スポーツと良心——知・徳・体の調和を目指して」において、パネリストの同志社大学体育会会長、沖田行司は、同志社スポーツユニオン(同志社大学における体育会の別称)が掲げる三つの理念「3F——Fair Play, Friendship, Fighting Spirit」を紹介し、そのどれもがスポーツの場を離れても実践されるべき理念として想定されていることを論じた。フェアプレイ精神やチームメイトあるいは対戦相手との友愛は試合の場を離れても持つべきであり、闘うだけでなく挫けず、恐れず、どんな苦難にあってもあきらめない心を一般社会での生活においても持つのが望ましい。すなわち、この三つの理念においては、スポーツに内在する規律規範を徳性にまで高めることが目標となっているのである(フェアプレイとスポーツについては、第4章「法と良心」を参照)。

スポーツで身につけたライフスキルを日常生活へ

こうした沖田の論を受けて、コメンテーターの石倉忠夫(同志社大学スポーツ健康科学部教授)は、スポーツ心理学においては、スポーツの場で身につけられたライフスキルを日常生活にまで敷衍してゆくにはどうしたらよいかが研究対象となっており、スポーツによる人格形成という「古典的な」テーマが新しいアプローチでとらえ直されていることを指摘した(石倉のコメントは、杉山佳生「スポーツとライフスキル」、日本スポーツ心理学会編『最新スポーツ心理学――その軌跡と展望』大修館書店、二〇〇四年所収などによる)。

人生・スポーツ全体・個別のスポーツ種目、これら三つの分野に対してなされた思索は個人の心の内でピラミッド構造を成しているものとして、図式的に表現されうる。一般には、人生全般に対する哲学がピラミッドの下部構造となり、個別のスポーツから得た知見がピラミッドの頂点付近の部分になる。ただし、特に日本では、スポーツに携わる者の心の内でこのようなピラミッド構造が形成されず、頂点に近い部分が遊離して肥大化している傾向が多いとされる。フェアプレイ精神などを通じてスポーツの場で時に示される高い徳性を、いかにして日常生活において発揮されるように一般化させてゆくかについては、スポーツと良心をつなぐ重要な研究テーマとなりうるだろう。

二　スポーツ選手の「罪悪感」

アスリートの特異な心性

その反面、プロフェッショナルなど高い競技レベルでスポーツに関わる選手は肉体を極限まで追いこみ、試合ごとに大きなプレッシャーにさらされながら競技に臨むため、一般の人々とはかけ離れた特異な心性に陥りがちである。鈴木壯は、アスリートの心性が示す特異性が生じる要因として、①外部から求められるように「明るく元気」であれ、という心理的圧力、②勝負の世界に生きることで直面する自らの心理的諸課題、③目標達成を無意識に回避しようとする優勝恐怖・成功恐怖、④競技以外のことから遮られて育てられた結果生じる受身性・幼児性、⑤各競技が持つ独特な人間関係から受けるストレス、⑥競技に対する完璧主義とそこから生じる強迫性などを挙げ、さらにアスリートの心理的な諸問題が、場合によってはケガや病気といった身体症状として顕在化することを指摘している(『スポーツと心理臨床――アスリートのこころとからだ』創元社、二〇一四年)。

摂食障害を例にとって

ここで、アスリートの心理的問題が身体への症状として顕在化する例としてよく知られ、女性アスリートに多くその事例が見られる摂食障害について考えてみよう。摂食障害への理解を促し、それに対処する具体的な方策を提言する書籍(NATA(全米アスレティックトレーナーズ協会)編『スポーツ選手の摂食障害』辻秀一監訳、大修館書店、一九九九年)を紐解いて気づくのが、「罪悪感」あるいは「罪の意識」といった言葉が頻出することである。こうした感覚は、摂食障害だけでなくアスリートが直面する様々な心理的な諸問題と深いつながりがあるように思われる。

スポーツ選手にそのように感じさせてしまう「負の良心」が何らかの共通した要因によって生じているとするならば、その原因の究明と状況改善のための提言は必須であろう。また、摂食障害を患うアスリートが目の前にある食品を何のためらいもなく万引きしてしまう事例は、関係者の間ではすでに広く知られている。こちらのケースでは、追い詰められた肉体と精神に対し「良心」がまったく機能していない。アスリートの心理の研究において良心(あるいは罪悪感)という補助線を引いてみることは、新たな研究アプローチを見出す契機となりえるかもしれない。

三　嘉納治五郎の「講義」と「問答」

指導の現場での暴力を超えて

前述のシンポジウムで溝口紀子は、複数の女性選手の日本オリンピック委員会への告発から明らかになった柔道における暴力に関連した不祥事について、柔道界が対応の初期段階で十分に自浄作用(良心)を発揮できなかった点を指摘した。その後、全日本柔道連盟は二〇一三年八月一四日に「暴力行為根絶宣言」を発表し、現在でも暴力や体罰を防ぐ取り組みが継続して行われている(この宣言は、二〇一七年一〇月現在、全日本柔道連盟ウェブサイトで公開継続中)。

残念ながら一定期間、体罰が常態化する指導の現場もあった柔道だが、始祖・嘉納治五郎(一八六〇〜一九三八)は柔道を修行する者に高い徳性を求め、体術だけでなく言葉による子弟間のやり取りも柔道の修行における重要な要素と考えていた。西洋概念としての良心は「共に知る」——例えば、英語でconscienceという単語は、con-(共に)とscience(知る)から成り立つ——という意味であるのを考え合わせる時、嘉納の思想は良心と体育もしくはスポーツをつなぐ思考の基盤を与えてくれる(良心の定義については、総説「良心学とは何か」参照。また、同志社の校祖・新島襄とその弟子たちが嘉納の同時代人であったことは重要である。第5章「新島襄と良心」、第6章「社会福祉と良心」参照)。

「講義」と「問答」

近年、柔道関係の識者が折に触れて言及するのが、嘉納が道場の外で行うものとして考えていた柔道の修行、「講義」と「問答」である(山口香『日本柔道の論点』イースト新書、二〇一三年など)。

柔道の修行は、一面には講義問答により、一面には乱取り、形による〔……〕講義は業の説明から勝負上の理論、駈引き、精神修養の方法、勝負の理論を人生百般の事に応用する仕方等、その範囲は甚だ広い〔……〕単に講義を聞き練習しただけでは、徹底した了解が出来難い。そこで問答ということによって修行者相互に錬る機会を得るのである。（『嘉納治五郎著作集』第二巻、五月書房、一九九二年、二四四頁）

すなわち「精力善用」・「自他共栄」の二大理想を掲げた嘉納が構想した柔道は、道場内での単なる身体活動に留まらず、師と弟子が人生全般に関してお互いの知を練りあげ、共有するところまで、すなわち道場での徳性を日常生活にまで概括してゆくことを包含していた。ただし、嘉納の元々の思想を考察するにあたっては、身体活動による競技の部分が大きく肥大化して普及している柔道もしくはグローバル化したＪＵＤＯの現況と混同しないよう注意が必要だろう。

四　スポーツにまつわる「良心の呵責」

遊ぶ存在のはずの人間が感じる良心の呵責

英語の sport は、「気晴らし」や「娯楽」を意味する disport という語に由来する（『オックスフォード英語辞典』）。ヨハン・ホイジンガは一九三八年に出版された名著『ホモ・ルーデンス』で、人類の呼称として「ホモ・サピエンス」（賢い人）に代わって「ホモ・ルーデンス」（遊ぶ人）を提唱し、人間の文化を進化・発展させたのは「遊び」であり、「遊び」こそが人を人たらしめているのだ、と論じた。さらにロジェ・カイヨワは『遊びと人間』（一九五八年）で、人間社会において規則が賦与されたからこそ遊びは豊饒で文化的存在になったと指摘した。

このように、「遊ぶ」という営為は人間が普遍的に行う活動の一つなのであり、スポーツ人類学の研究成果は、古来人間が世界中で自然発生的に同じような「スポーツ」に打ち興じてきた事実を示している（石井隆憲編著『スポーツ人類学』明和出版、二〇〇四年など）。にもかかわらず――例えば、甚大な被害を受けた被災地に関わり合いのあるスポーツ選手にまつわるエピソードとして頻繁に語られるように――スポーツに関わる人々が様々な局面で引け目や「良心の呵責」を感じてしまう、あるいは社会環境によって感じさせられてしまうことがある。なぜスポーツに関わる人々は、時にこうした感情におそわれてしまうのだろうか。

抑圧されるスポーツの記憶

人々の健康を維持し、強靱な肉体をつくりあげ、規律正しさを育成するスポーツは、歴史的に軍事や帝国主義と結びつきやすく、この点に着目した研究は数多い。そうした研究の多くは、軍隊のスポーツ利用に対して批判的な視点を提示することに終始しがちである。それに対して高嶋航『軍隊とスポーツの近代』（青弓社、二〇一五年）はスポーツと軍隊の一筋縄ではいかない微妙な関係を炙り出し、スポーツをめぐる「良心の呵責」についても斬新な事例を提供してくれる。

一般的に、第二次世界大戦時に日本の軍部は外来の競技を中心にスポーツを弾圧した、と認識されている。ところが戦地においては、少なからぬ兵士がスポーツ活動に従事することが許可されていた。兵士の健康と精神衛生の維持に、スポーツが少なからず貢献していたのである。注目すべきは、そうした活動に参加したであろう人々の回想において、たいていスポーツは禁じられた娯楽として語られているという事実である。こうした情報の隠蔽もしくは歪曲を引き起こす心性は、なぜ生じるのか。

人間は「遊ぶ人」(ホモ・ルーデンス)ではいけないのだろうか。こうしたスポーツをめぐる良心の呵責の問題は、現代社会における人の定義、「人間(あるいはヒト)とは何か」という根本的な問いに関わるものなのかもしれない(第15章「人工知能と良心」参照)。

まとめ

- スポーツに関する種々の研究で良心がその力を発揮するのは、個別の研究テーマを「良心という心の窓」を通じて見た時かもしれない。
- フェアプレイ精神などを通じて時にスポーツの場で示される高い徳性を一般の生活へ敷衍してゆく営為は、スポーツと良心をつなぐ重要な視点を提供してくれるだろう。
- アスリートは、一般の人とは異なる特異な心理的状況に置かれがちである。そうした心性には、良心(あるいは罪悪感)が深く関わっている場合がある。
- 嘉納治五郎は柔道の修行として、肉体の運動だけでなく「講義」と「問答」という、師匠と弟子が「共に知る」活動を想定していた。
- スポーツに携わる人々は、時に周囲に対して良心の呵責を感じる場合がある。その理由を探究することは、「人間とは何か」という根本的な問いにつながっているのかもしれない。

〈さらに学ぶために〉

クラウディア・パヴレンカ編『スポーツ倫理学の射程――ドーピングからフェアネスへ（阪南大学翻訳叢書二五）』藤井政則訳、晃洋書房、二〇一六年。ドーピングなどに関するスポーツ倫理学の高度な学術的論考が収められた論文集。訳文がこなれていて読みやすい。原著の半分の論文のみの収録。

マイク・ローボトム『なぜ、スポーツ選手は不正に手を染めるのか――アスリート不正列伝』岩井木綿子訳、エクスナレッジ、二〇一四年。スポーツにおける不正の事例をひたすら列挙している書籍だが、それらをその性質や原因から七つに大別しており、スポーツ不正の百科全書的な佇まいがある。不正をしたアスリートの「贖罪《しょくざい》をしたい強い衝動」（三八七頁）に関する考察は、良心学にとって重要。

沖田行司『藩校・私塾の思想と教育』日本武道館、二〇一一年。武士が受けた教育と自己形成の過程を具体的な事例と共に紹介。「文武両道」とは元々、民を導くために学問を修め、徳性を養うことに努める武人の道なのである。

レイナー・マートン『スポーツ・コーチング学――指導理念からフィジカルトレーニングまで』大森俊夫・山田茂監訳、西村書店、二〇一三年。アメリカのスポーツ指導者用テキストの決定版。原著第三版の翻訳。指導哲学を確立するにあたりまず指導者に己を知ることを要求する、このテキストを貫く哲学は、深淵である。

菊幸一編『現代スポーツは嘉納治五郎から何を学ぶのか』ミネルヴァ書房、二〇一四年。嘉納治五郎研究の最前線。今後は、柔道・武道・スポーツに関わる部分だけでなく、嘉納の教育哲学や人生観全般についての研究の発展も望まれる。

III

科学の時代における良心

第11章　科学技術と良心

林田 明

scienceという単語は「知識」を表わすラテン語に由来し、元々は人間が世界を理解しようとして得た総合的な知識を意味するものであった。近代以降、それは自然の法則とそれを追究する行為のことを指すようになり、さらに「組織化した手練」を語源とするtechnologyという概念と一つに結びついて大きく発展した。二〇世紀には西欧の科学技術が世界に広がり、人間の生活や社会を支えるために不可欠なものとなった。同時にその効用や恩恵だけでなく、たとえば軍事利用や環境問題のように人間の生存を脅かす原因を生むなど、科学技術が持つ負の側面が顕わになっている。

高度化した科学技術の負の側面として、公的研究費の不正経理やSTAP細胞事件のような不正行為も存在する。大学や研究機関の研究倫理教育に使われるテキストに日本学術振興会の『科学の健全な発展のために――誠実な科学者の心得』(丸善出版、二〇一五年)があるが、その英語版のタイトルでは「誠実な科学者」が“conscientious scientist”と表現されている。科学の健全な発展のために法令の遵守や科学的な厳密性が重要であるのは当然のこととして、今、科学者の良心のあり方が問われているのである。歴史的展開のなかでは、本書の「総説」に示された三つの良心、すなわち個人的良心、社会的良心、信仰的良心がそれぞれ科学や技術と寄り添っていた時代があった。本章では、過去の教訓に学びながら、科学技術と良心の関係について考える。

一 近代科学の誕生と啓蒙主義の展開

西欧の自然科学は古代ギリシアの哲学者の思索に始まる。天体の運行や物質の根源を理解しようとして体系化された天文学や算術、幾何、論理学などは、後にリベラルアーツの三学四科にも引き継がれた。彼らの思索は「内なる他者としての自己の声に耳を傾けることを重視」したものであり、それによって得られた自然観は個人的良心の下での思弁的思考(スペキュレーション)の結果と言えよう。

観測や実験に基づいて自然法則が探究されるようになったのは一七〜一八世紀のヨーロッパにおいてであり、この変革を「科学革命」と呼ぶ。近代科学の父とされるガリレオ・ガリレイは、コペルニクスが唱えたように地球は太陽の周りを回っていることを明らかにし、地球が宇宙の中心であるとする天動説が不合理であることを示した。これに対しカトリック教会がガリレオを異端審問にかけ、彼の説を撤回させようとしたことは、科学者の良心に関するエピソードとしてベルトルト・ブレヒトの戯曲などに描かれている。ただし、ガリレオの他、同じく「科学革命」の担い手となったヨハネス・ケプラーやアイザック・ニュートンは自然神学の徒として活躍した。彼らは、自然界を聖書とは別に「神が著したもう一つの作品」として認識し、観察や実験、理論と実証を通じて神の意図を読み取ろうとしたのである。この時代の科学は信仰的良心と共にあった。

「知は力なり」という格言で知られるフランシス・ベーコンは、「神の贈与によって人類のものとなっている自然に対する支配権」という概念を示した。これは、たとえば印刷術と火薬、羅針盤の発明は人類の普遍的な利益や進歩の原動力となっていて、「健全な理性と正しい信仰がそれを正しく用いるように導く」

という思いに拠っている。ここでもまた、科学や技術は神と共に運用すべきもの、信仰的良心に沿うものとされていた。

「科学革命」の成果は啓蒙主義の発展を導き、科学的知識の通俗化を進めた。一七世紀の自然哲学者が自然のなかに神の言葉を求めたのに対し、一八世紀には自然の探究を人間の進歩のために行うという発想が広まっていった。この「人間のための科学」という考え方が具現化されたのが、一八世紀のイギリスを中心に進行した産業革命の時代である。蒸気機関の発明や水力の紡績への利用といった新技術の誕生から始まった産業革命は、一九世紀の社会体制や思想にも革新的な影響を与えた。それ以前にも、たとえば望遠鏡の発明がガリレオの発見を導くなど、科学と技術には密接な関係が見られたが、産業革命以降、蒸気機関の利用によって熱やエネルギーの概念が導かれ、あるいは電磁気学の知識が発電機や無線機の形で利用されるなど、技術による科学の新しい展開や科学に支えられた技術の進展が加速した。こうして科学と技術は一体化し、社会に欠かせない存在となった。

二　地質学の近代化と進化論の誕生

次に一九世紀に起こった自然観の転換に着目してみよう。中世以降、地球の誕生や地殻の成り立ちに関する探究も自然神学の一部として営まれ、そこには旧約聖書の記述に沿った激変論（天変地異説）や水成論（地殻を構成する岩石はすべて、原始の海水からの沈殿によって形成されたとする説）が基本的なパラダイムとして存在した。しかし、一八世紀末には、綿密な地質観察を行っても旧約聖書に述べられた天地創造の痕跡や終末の予兆は見いだせないことが指摘され、地球の姿は現在観察されるような過程の積み重ねによって創られてきたという斉一説が登場した。斉一説を近代地質学の基本原理として定着させたチャールズ・ライエルの「現在は過去の鍵である」という言葉は、世界の成り立ちに神の摂理が働いていないことを意味するものであった。

チャールズ・ダーウィンはビーグル号の航海にライエルの著書『地質学原理』を持ち込み、自然界のデザインには神の意志を必要としないという着想を得た。一八世紀以前のヨーロッパでは、生物の構造や機能は、あたかも時計職人が作った時計のように、神によって巧妙にデザインされたものと見なされていた。これに対してダーウィンは、種の中の個体変異と生存競争、自然淘汰という現象をもとに種の起源と多様性が説明できるとし、生物の進化に神の意志が不要であると論じた。ダーウィンの進化論は現代の生物学の根幹を成し、人間とは何かを考えるための科学思想としても重要な存在となっている。

ヒトを含む生物の進化が神の意志に拠らないという主張は、現代の我々にとって疑問の余地のないものであろう。しかし、たとえばアメリカ独立宣言の「全ての人間は平等につくられている」という一文は、人が神によって創造され、生命・自由・幸福の追求という権利も神から与えられたことを前提としていた。ダーウィンの進化論はこれを揺るがすことになり、人間が神の創造物でないなら誰が善悪を決めるのかという疑問や、進化論を受け入れるなら倫理は退けられ道徳的規範に従う必要性は失われるのではという危惧が示された。その一方で、進化論が「弱肉強食」の論理であるという思い込みや人種や民族間の優劣の根拠になるという誤解も生じ、たとえばナチス・ドイツの優生思想や相模原障害者施設殺傷事件(二〇一六年、元施設職員が知的障害者一九人を刺殺した事件)の背景となった可能性もある。

ダーウィン自身は『種の起源』に続いて『人間の由来』を著し、高等動物に備わった社会的本能が人間の道徳性に繋がるという可能性を指摘した(第3章「哲学と良心」参照)。彼は「動物は、社会的な本能によって仲間との交流を好み、仲間たちにある程度の同情を覚え、さまざまなかたちで彼らに尽くす」と述べ、

「人間と高等哺乳類との間には、心的能力において根本的な違いはない」ことを示そうと試みた（内井惣七『ダーウィンの思想――人間と動物のあいだ』岩波新書、二〇〇九年、第六章）。現在では動物行動学や霊長類学の研究を通じて人間と動物の道徳性に関する実証的な検討が進められ、たとえば系統樹でヒトに最も近い位置を占めるボノボの社会的行動の研究によって、共感能力や利他性がヒトだけに備わった特質ではないことが確かめられている。すなわち、人間の道徳性は神に与えられたものでも、人間が創造したものでもなく、霊長類の進化の過程で育まれてきたと考えることができる。

三　科学者の規範と社会的責任

科学技術の軍事利用

啓蒙思想を背景に「人間のための科学」として発展するはずの科学であったが、産業革命以降、技術と結びついて社会に浸透するとともに、負の側面が顕わになってきた。たとえば交通システムや化学工場、原子炉などの大規模人工施設の事故、あるいは環境問題（第8章「環境問題と良心」参照）、薬害や医療事故（第12章「医療と良心」参照）など、人類に恩恵をもたらすべき仕組が様々な災厄や不安の原因を生むようになったのである。また、自然神学の時代にも「鉄の鉱床、石炭、石灰岩が隣り合わせに存在するのは、イギリス人を地球上で最も有力で豊かな国民とする摂理の設計である」といった考え方があったが、科学が信仰から無縁になるとともにエネルギー資源の利用が急速に拡大したことも人間の生存を脅かす要因となっている。

二〇世紀は科学技術の爆発的発展とその成果の社会への投入の時代と言われるが、その顕著な例が二回の世界大戦に際しての軍事と科学技術の接近である。なかでも、一九三八年末にウランの核分裂が確認された後、マンハッタン計画によって原子爆弾が開発され、一九四五年の投下に至る過程は、それが巨大な災厄に繋がることを示した。核兵器の廃絶と科学技術の平和利用を訴える動きとして一九五五年のラッセル＝アインシュタイン宣言や一九五七年に始まるパグウォッシュ会議などがあり、また原爆や水爆の開発に関わった科学者の態度と社会的責任について多くの議論がなされてきた。しかし、二〇一六年に広島平和記念公園でバラク・オバマ米大統領(当時)が「核分裂を可能にした科学の革命には、倫理的な革命も必要」であると述べたように、今なお科学技術の進歩に即した倫理が確立されているとは言い難い。さらに、たとえば発電や放射線治療のように民生用に有効な原子力技術が軍事目的に利用され、逆に軍事技術として開発されたインターネットや全地球測位システム(GPS)が一般の社会生活に欠かせないものになるといった科学技術の両義性(デュアルユース)の存在も、科学技術と軍事との関係を複雑にしている。

職業としての科学技術

軍事への利用に限らず、高度な科学技術は産業国家の競争力の強化に繋がることから、政府や企業からの科学技術への投資はますます拡大する傾向にある。日本では一九九五年の「科学技術基本法」の成立を受けて五年ごとに「科学技術基本計画」が策定されるようになり、今や日本の科学技術は国家主導で構築された巨大な社会システムとして存在する。キリスト教の倫理観から離れた近現代の科学者の行動規範について、ロバート・マートンは一九四九年にCUDOS、すなわち公有主義(Communality)、普遍主義(Universality)、無私性(Disinterestedness)、組織的懐疑主義(Organized Skepticism)を賞賛されるべき特質とした。これに対しジョン・ザイマンは一九九四年、現代科学の特性として所有性(Propriety)、局所性(Local)、権威主義(Authoritarian)、請負性(Commissioned work)、専門性(Expert work)を挙げ、これらを実践する問題解決者がＰＬＡＣＥ（職や地位）を得ることができると述べた。確かに、国や産業界の資金に頼って専門性を生かした研究を請負う事業や、知識の幅広い共有よりも自身が所属する組織や国家の利益を優先する傾向は、科学技術の多くの分野に広がっている。

このような時代にあって、職業として科学技術の研究開発に携わる者にはどのような社会的良心が期待されるのだろうか。当然ながら、まず職務として規定された行為を遂行する義務があり、その過程で法令や慣習を遵守することが求められる。これらに加え、科学者は自らの研究成果が人々に重大な被害をもたらす可能性を予見した場合、必要な報告や対処を行う義務や責任を負うべきことが指摘されている（内井惣七「科学者の責任を考えるために」『大学の物理教育』一九九八―三号、一九九八年）。そのような予見ができるのは当該分野の科学者に限られており、科学的知識を扱う専門家が持つべき「職業倫理としての良心」（第４章「法と良心」参照）の働きと言える。しかし、核兵器の開発や戦時下の人体実験に関わった科学者の意識としては機能しなかった。日本学術会議の『科学者の行動規範（改訂版）』（二〇一三年）には「科学研究の利用の両義性」に関して「科学者は、自らの研究の成果が、科学者自身の意図に反して、破壊的行為に悪用される可能性もあることを認識し、研究の実施、成果の公表にあたっては、社会に許容される適切な手段と方法を選択する」との文言が示されている。研究成果が社会に与える影響に配慮することは、まさに社会的良心に当たる。これを「他者（第三者）と共に知る」ことと捉えるなら、その他者は自分の属する社会や国家だけでなくグローバルな世界に、現在だけでなく未来の世代にも存在することを認識すべきだろう。

科学技術を「他者と共に知る」ための具体的な行為として、専門分野の垣根を越えた成果の共有や一般市民への普及活動が重要なことは言うまでもない。ただし、非専門家向けの説明のために研究内容を過度に簡略化したり、成果の一部だけを強調したりする態度には注意を払わなければならない。特定の主義主張に迎合することはもちろん、ローカルな社会の要請に従うだけの研究は健全な科学の発展を阻害し、反科学主義やニセ科学の擁護に繋がる危険性をはらむ。むしろ一般市民の科学リテラシーを高め、自然科学への興味と理解を育成することが、科学者の社会的良心に適うものであろう。

まとめ

・一人が得た知識が他人と共有され、その成果が多くの人々に影響を及ぼすことを考えれば、自然科学や科学技術こそ、「良心を手腕に運用する」ことが必要とされる行為の最たるものと言えよう。

・自然科学の歴史のなかで、個人的良心、社会的良心、信仰的良心がそれぞれ科学者の活動を支えた時代があった。科学技術と社会の関わり方によって、科学者の行動規範も変貌する。

・科学と技術が一体化して社会に浸透した現在、職業として研究開発に携わる科学者には、自らの属する社会や国家の利害を超えてグローバルな世界や未来を視野に入れた社会的良心が期待される。

〈さらに学ぶために〉

池内了『科学・技術と現代社会』上下巻、みすず書房、二〇一四年。科学と技術の歴史に加え、「文化としての科学」や「人間を大切にする科学」「等身大の科学」「社会に向き合う科学者」など、現代の科学のあり方を論じる集大成の著。

フランス・ドゥ・ヴァール『道徳性の起源――ボノボが教えてくれること』柴田裕之訳、紀伊國屋書店、

二〇一四年。系統樹でヒトに最も近い位置を占めるボノボなどの社会的行動を描き、共感能力や利他性がヒトだけに備わった特質ではないことを鮮やかに描く。

内井惣七『科学の倫理学』丸善出版、二〇〇二年。科学史上の盗作や捏造事件、優生学への危惧などに加え、核分裂の発見から原水爆の開発にいたる経緯と科学者の態度についての論考が含まれる。マスコミなどが作り上げた「神話」の継承ではなく、残された記録に基づき、科学者たちの倫理と科学者が外部の人々に負う義務についての議論が展開される。

佐藤文隆『職業としての科学』岩波新書、二〇一一年。「科学技術創造立国」という国策による学術研究の現状や日本の伝統的な科学思想を紹介し、社会における科学制度のあり方を論じる。

カール・セーガン『悪霊にさいなまれる世界――「知の闇を照らす灯」としての科学』上下巻、青木薫訳、ハヤカワ文庫、二〇〇九年。副題は、聖書に基づき魔女狩りを批判した一六五六年の書物による。邦訳は最初、『人はなぜエセ科学に騙されるのか』というタイトルで出版された。科学技術の恩恵を享受しながら疑似科学や反科学主義が横行する状況に対して、本来の科学的な思考法の重要性を論じる。

第12章 医療と良心

櫻井芳雄

医療は我々の健康に直接影響する行為であり、時には命に関わる行為でもある。そのため、医療における良心、特に医療現場で中心となる医師の良心に対する関心は高い。しかしけっして少なくない医療訴訟に目を向けてみれば、良心的と言うにはほど遠い実例も見えてくる。本章では、まず非良心的な医療を生み出す背景について、医学生や医師が置かれた環境に着目し解説する。次に、現在の医療が抱えている問題について、それを端的に表している精神医療を例として解説する。そして最後に、良心的な医療とは何かについて考えてみる。

一　医学生と医師を取り巻く環境

医学部の特殊性

医療現場における過誤を訴える医療訴訟は毎年九〇〇件ほどあり、訴訟まで至らず決着した事例も含む医事紛争は、毎年一万件近いと推定される。個々の事例は多様で原因もさまざまであるが、時にマスコミで報じられるように、明らかに医師や医療機関の過失や怠慢が原因であるものも少なくない。その背景には、医療現場で中心となる医師自身の問題、例えば、患者の命の軽視、自身の技量の過信、あるいは自身と製薬会社の利益の確保などがあると想像できる。もちろん医師同士による相互チェックの不在など、医療過誤を防ぐ方策の不備もあるが、問題を突き詰めると、どうしても医師の倫理観の欠如に行きついてしまう。

それでは、医療過誤を防ぐには、医師となる医学生の倫理観を育成すればよいのであろうか？　たしかにそれは必要であり、実際に医学部では生命倫理や医療倫理の授業が開講されている。しかし効果はあまり期待できない。医学部は他の学部と異なり徹底した職能教育の場であり、学生のほぼ全員が同じ職業（医師）に就くことを目指している。そのような状況下で、国家試験ともほとんど関係なく、そして医学的な技能とも直接関係しない授業が大きな効果を持つとは考えにくい。むしろ医学生を取り巻く日常の環境の方が、より大きな影響力を持つ可能性がある。それについて、かつて医学部に一一年間勤務し新入生教育を担当した筆者には、大変印象に残っていることがある。それは「医学部に合格したとたん親戚中の態度が一変した」という医学生達の話である。アルバイトの家庭教師の報酬も一段高く、他大学の異性との飲み会（いわゆる合コン）でも相手に不自由しないと話していた。医学部合格の時点から始まるそのような「特別扱い」に何年間も置かれながら、特権意識を持つこともなく、自分の力を驕らず、弱者の側に立つ人間になることは、むしろ至難の業かもしれない。医学生を取り巻くそのような特殊な環境に、我々はまず目を向けなければならない。

医師の過酷な状況

それでは、医師として働き始めてからの環境はどうであろうか。間違いなく言えることは、高給ではあるが、極めて過酷な労働環境に置かれるという事実である。日本の医師数は人口一〇〇〇人あたり二・三人であるが、これは二〇一四年のデータによれば経済協力開発機構(OECD)加盟国三四カ国中二九位であり、主要先進国の中で最下位である。医師数は不足しておらず特定地域への偏在が問題とよく言われるが、最も集中している東京や京都でさえ人口一〇〇〇人あたり約三人にすぎず、OECD加盟国の真ん中より下である。しかも緊急性の高い医療に従事する外科医は、一九九〇年代と比べ約二割も減少している。このような医師数の不足は、当然医師の労働時間を増大させている。日本の医師(二〇代～五〇代)の一週間の平均勤務時間は六〇時間以上であり、イギリスやフランスなどの平均四〇～五〇時間を大幅に上回っている。しかも三〇代前半までに限ると週七〇～八〇時間であり、さらに大学病院では週九〇時間に迫っている。これは過労死の認定基準(週六〇時間以上が一カ月)を大きく超えており、実際、医師の過労死は珍しくない。たとえ医師自身がどんなに優れた倫理観を持っていようとも、このような極めて過酷な環境に置かれていれば、常に患者の側に立ち、最善の医療を選択し実行することは、けっして容易ではないであろう。

また、このような状況に加え、学生時代にあった「特別扱い」が、医師になってからも形を変えて続く。それは医師が製薬というビジネスの一部に組み込まれていることから起こる。誰でも購入できる市販薬(一般用医薬品)の市場規模は年間約七〇〇〇億円であるが、医師が書く処方箋でしか購入できない処方箋薬の市場規模はその約一五倍であり、年間約一〇兆円に及んでいる。つまり製薬会社の利益はほとんど処方箋薬に依存しており、その処方箋を書く医師は、製薬会社にとって最も重要かつ唯一のセールスパーソンである。そこで製薬会社は、様々な手段で自社製品のため医師に働きかける。それは多額の研究費の寄付であったり、医師が主催する学会等への金銭的支援であったり、あるいは新製品の説明会と称した接待であったりする。そのような「特別扱い」の中で、患者のため公正かつ冷静に医薬品を選択することは、有名な「薬害エイズ事件」(一九八〇年代)や「ノバルティス社事件(ディオバン事件)」(二〇一三年)を持ち出すまでもなく、必ずしも容易ではないであろう。倫理観を持てと要求する前に、医師を取り巻く厳しい労働環境と、時として非良心的な行為を誘発し得る状況を、我々はまず知っておかねばならない。

二　医療の不確実性と混乱――精神医療を例として

精神疾患という難題

マスコミが「医療の進歩」や「最新の医療」を喧伝することは多い。しかし医療の多くはまだ未発達かつ不確実であり、それゆえに混乱も多い。ここでは、それが顕著に表れている精神医療を例として考えてみる。

精神疾患は極めて大きな問題であり、たとえば統合失調症は、約一〇〇人に一人の割合で発症し、国内では八〇万人以上が罹患している。また国内でうつ病を罹患している人は一〇〇万人以上であり、勤労者や学生の日常生活を妨げる疾患としては最多である。その他、高齢化に伴い発症する認知症の患者は、現在約二五〇万人であり、二〇年後には約四〇〇万人(総人口の約四%)に迫ると推定されている。これら精神疾患が全て脳の故障であることは間違いないが、現代の医学と脳科学は、それらの疾患について未だ明確な原因を特定できず、治療法も確立していない。そのため精神科医の多くは、向精神薬、抗てんかん薬、抗うつ薬、睡眠薬などの多様な薬剤を、患者の変化を見ながら複数組み合わせ処方することを試行錯誤的に繰り返さざるを得ない。

精神疾患という故障した脳を治すには、脳の詳細な設計図が必要であるが、まだ得られていない。脳の設計図を持たない治療がいかに危ういかについては、精神外科と呼ばれた医療が証明している。その代表例がロボトミー(前部前頭葉白質切截術)であり、一九三〇年代から一九六〇年代にかけて、統合失調症をはじめ様々な精神疾患を持つ多くの患者に実施された。しかしその後、治療効果が極めて限定的であり、一方で自発性の喪失、人格の変容、情動の変動などの後遺症が頻発することが明らかになり、現在では国内外ともにほとんど行われていない(第13章「脳科学と良心」参照)。

薬物療法の危うさ

それでは現在の精神医療の中心となっている薬物療法はどうかと言えば、脳の詳細な設計図がない以上、やはり効果は不確実であり、重大な副作用を及ぼすことも少なくない。たとえば、市場規模の大きい治療薬の一つである抗うつ薬、特にＳＳＲＩ(選択的セロトニン再取り込み阻害剤)は、国内における一九九九年の販売開始と同時に、製薬会社、医師、そして当時の厚生省による「うつは心の風邪」というキャンペーンが始まり、精神科への受診者数を急増させた。しかしその後も患者数は増加し減少していない。そしてＳＳＲＩが調整の極めて難しい薬であることが次第に判明し、軽度や中度のうつ病にはほとんど有効ではないこともわかってきた。その効果は不安定であり、躁状態への転換も多く見られ、時には衝動性や暴力性を高めることもあるという。環境や生活の改善により自然治癒したかもしれないうつ病患者が、ＳＳＲＩを飲まされることにより状態が不安定となり、うつと躁を繰り返すなどして症状が長期化している可能性がある。

このような問題の背景には、脳の単純化という誤った見方がある。うつ病には、脳内の神経伝達物質であるセロトニンの働きが弱まって起こるという仮説があり、ＳＳＲＩはそのセロトニンを増大させる。しかしＳＳＲＩが効果を持つ場合でも、脳内のセロトニン濃度はその服用直後から増大するにもかかわらず、うつ状態の改善は服用開始から二週間ほどして生じる。つまり、セロトニンなど単独の神経伝達物質が精神疾患と直接対応していると考えることは、脳の働きをあまりに単純化している。実際のメカニズムは遥かに複雑であると考えるべきであろう。

このように精神医療では、何が正しい医療であるか不確実であることが多いが、それは多かれ少なかれ他の医療でも同様である。たしかに脳は複雑であるが、身体の機能も同様に複雑だからである。それにもかかわらず、医療現場では正しく確実な方法が迅速に選択され実行されることを、我々は常に期待している。このような状況が「医療と良心」という問題を難しくしていることは間違いない。

三　良心的な医療とは何か

精神論からEBMへ

これまで、医学生と医師を取り巻く特殊な環境や、医療における不確実性について述べてきた。もちろんそのような「逆境」の中でも、患者に対し常に真摯に対応する誠実な医師は存在しており、筆者の周りにも何人もいる。そのような医師達には、たしかに「良心的」という言葉が相応しく思える。しかし「医療と良心」について考えるためには、医師という個々の人間から視点を離し、医療という行為において「良心的」であるとは具体的にどういうことか、冷静に考察してみることが必要であろう。そして、医師の人間性や心が大切だという単純な精神論から離れ考察するならば、科学として誠実な医療、すなわちEBM(Evidence Based Medicine)を徹底的に追求することこそ、我々が期待すべき良心的な医療であると考えられる(第14章「心理学と良心」参照)。

EBMとは「客観的根拠に基づく医療」を指す用語であるが、それを唱え始めた一九九〇年代の論文では「conscientious, explicit, and judicious use of current best evidence(良心的に、明確に、分別を持って、最新最良の知見を用いること)」と定義されている。ＥＢＭの徹底を求めることで、「医療と良心」という問題は、医師の心がまえや人間性という漠とした問題から離れ、科学という視点が入り、医学系の研究者も対象とした広範な課題となるはずである。また先述したように、医療は多くの不確実性を抱えているが、だからこそＥＢＭの徹底を追求しなければならない。

真のＥＢＭとは何か

ＥＢＭのevidence(根拠)とは、単に実験データが明確であるとか、理論的に正しいというだけではなく、臨床試験を含む医療現場における実績や事実のことである。実際、動物実験で有効であった医薬品のうち、患者による臨床試験でも有効であるものは一割以下にすぎない。そしてＥＢＭでは、有効であるという事実だけでなく、無効あるいは効果不明であるという事実も、同じように活用しなければならない。

ＥＢＭという用語を初めて聞く人は、そもそも根拠に基づかない医療などあるのかと不審に思うであろう。しかし残念ながら、古い間違った知識と、自己の狭い経験の一般化だけで診療にあたる医師も少なくない。もちろん、論文などで最新情報をしっかり勉強していれば、ただちに正確な医療が可能となるわけではない。すでに述べたように、脳や身体の機能はまだ多くが未知であるため、ＥＢＭに必要な根拠は決定的に不足しており、また常に揺れ動いているからである。事実、医学研究が進み、様々な大規模調査が進むにつれ、以前は医学的常識であった事実が次々再検討されている。たとえば、コレステロール値・血圧・肥満と死亡率(寿命)の関係、健康診断の有効性、がん治療の延命効果、抗インフルエンザ薬の効果、予防接種の有効性、そして外傷の処置法に至るまで、従来とは異なる事実を示す調査結果や論文が数多く報告されている。

結局、真のEBMとは、従来の知識に縛られず、実験研究よりも臨床研究や大規模調査の実績に基づき、わからないことや不確実なことも患者に率直に伝え、その上で最善あるいは次善と判断できる医療を患者と共に選択することである。これはけっして斬新でもなく、極めて当たり前のことであるが、「わからないということも含めた事実に基づく」という科学的姿勢をしっかり実践に移すことが、良心的な医療の基本であることは間違いないであろう。

まとめ

・非良心的な医療を生み出す背景には、医学生と医師が置かれた特殊な環境、すなわち医学生はさまざまに特別扱いされ、医師は過酷な労働環境と製薬会社による優遇に晒されることがあるのかもしれない。
・多くの医療は不確実性を抱えており、例えば精神医療では、過去に精神外科として犯した誤ち（ロボトミー等）があり、現在も危うい薬物療法が問題となっている。確実で正しい方法の不在が、医療と良心という問題を難しくしている。
・良心的な医療について考えるためには、医師の心がまえや人間性を論じる精神論から離れ、科学として誠実な医療について考察しなければならない。わからないという事実も含めた真のEBMを徹底することこそ、良心的な医療であると考えられる。

〈さらに学ぶために〉

粟屋剛・金森修編『生命倫理のフロンティア』丸善出版、二〇一三年。「シリーズ生命倫理学」全二〇巻の最終巻。生命倫理学の思想的かつ哲学的な再検討と今後の深化について、各専門家が考察している。

本田宏『本当の医療崩壊はこれからやってくる!』洋泉社、二〇一五年。日本の医療の現状と今後の問題点について、国際比較も含めた豊富なデータを使いわかりやすく解説している。

橳島次郎『精神を切る手術——脳に分け入る科学の歴史』岩波書店、二〇一二年。精神外科(特にロボトミー)の歴史を詳細に検証し、脳に介入する科学や医療の問題点を的確に論じている。

櫻井芳雄『脳と機械をつないでみたら——BMIから見えてきた』岩波書店、二〇一三年。ブレイン-マシン・インタフェース(BMI)の研究からわかる脳の複雑さ、精神疾患の難しさ、医療格差の問題などについて解説している。

津田敏秀『医学的根拠とは何か』岩波新書、二〇一三年。EBMの実践に欠かせない医学的な根拠について、疫学や統計学の意味も含め、具体的事例をもとにわかりやすく解説している。同時に、現在の医療が抱えている問題点も的確に指摘している。

第13章 脳科学と良心

貫名信行

「良心之全身ニ充満シタル丈夫ノ起リ来ラン事ヲ」と同志社大学創立者の新島襄は学生への手紙に書いたという(第5章「新島襄と良心」参照)。この言葉を単純に良心に満ちた人格になれと素直に取るか、良心は本当に全身にくまなく存在するのかと疑問に思うかは、今日ではその学生の学ぶ学問的背景によるかもしれない。脳の機能を解析する立場からは良心は心のありようであり、心は脳の活動だとごく自然に考えるので、良心も一つの脳活動と考えることになる。しかし、良心のような極めて人間的なことをサル、ネズミの脳の機能に還元できるのかというのが、当然起きる疑問であろう。本章では、脳科学が脳の機能にどのようにアプローチできるようになってきたか、またそれが「良心」をも対象にできる段階にあることを紹介すると共に、今後起こりうる良心をめぐる課題についても提示し、読者に考えていただきたいと思う。

一　脳を研究する――良心を研究する

一九九七年、理化学研究所に脳科学総合研究センターという脳科学を総合的に研究することをうたった研究所が発足した。最初は研究を「脳を知る」「脳を創る」「脳を守る」という三領域に分けていたが、ほどなく「脳を育む」領域を加え、四領域で脳を研究するという方向性ができた。私は、良心を科学的にアプローチしていくとき、この四領域からのアプローチが重要になると考えているので、脳研究においてそれぞれの領域が何を標的とし、どう対象に迫ってきたかを少し紹介したい。

「脳を知る」領域は、正常な脳の機能とその物質的基盤を明らかにしていくもので、記憶のメカニズムや、運動の制御機構、といった比較的高次のレベルからシナプスやその可塑性といわれる現象の分子レベルの解析を含むものである。こういった正常な機能に関わる脳の領域や分子が分かってきて、現在ではそれらの脳領域・神経細胞の機能や分子の機能を阻害することが可能となり、それによって引き起こされる異常も理解できるようになってきている。

「脳を育む」領域は脳の発達、成長に関係する現象を解析する。母子関係が脳に与える影響や発達障害に関連する分子の研究もこの領域の対象となる。

「脳を守る」領域は、直接脳の疾患を対象とするもので、アルツハイマー病やパーキンソン病のような老化関連脳疾患や、統合失調症やうつ病といった精神疾患の病態を研究し、治療法の開発を目指す。この過程で脳の機能と関わる神経系細胞の機能タンパク質や神経伝達物質関連の分子が分かってくることもしばしばである。とりわけ一九九〇年代以降は、脳の疾患関連遺伝子が家族性(遺伝性)神経疾患の遺伝子研究から分かり、分子と疾患が直接結びつくことも多くなってきた。

「脳を創る」領域は、初めて聞く者に戸惑いを与えるかもしれない。人によってはiPS細胞から脳を創るようなことをイメージするかもしれないが、そういった研究はむしろ「育む」領域で、「創る」領域は脳の作動原理を明らかにし、機械的にその機能を作り上げることを構想していた。いわゆる人工知能の領域を含んでいる。

さてこのような脳研究の領域を考えたとき、我々が興味をもっている「良心」にどのようなアプローチが可能なのであろうか。良心が脳の機能であれば、その機能を知ることは脳の他の機能と同じように可能であろう。良心を育むことは教育を含め脳への影響を解析することで可能となろう。もちろん脳疾患としての発達障害で、良心にどのような影響が認められるかも解析可能だろう。疾患研究としては良心の著しく減弱している人の脳機能を調べ、もし良心の欠落している人を多く輩出している家系があれば、良心を育むのに必要な遺伝子が見つかるかもしれない。このように脳を知る、育む、守る、という研究領域に基づき、良心を知る、育む、守る、といった研究領域を設定することが可能に思えてくる。

それでは良心は創れるのか。人工知能がある種の課題(将棋、囲碁など)に関しては人間以上の能力を発揮できるようになってきていることは周知の事実である。おそらく人間的な情動、感情反応などがないことがかえって強みになっているのかもしれないが、自動運転が現実化しようとしている現在、トロッコのジレンマ(ある人を助けるために他の人を犠牲にするのは許されるかという思考実験)のような道徳的課題として使われるものに類似する事態に、人工知能が遭遇することは杞憂には終わらないだろう。人工知能はジレンマなくこの課題を突破できるのか、それには「良心」が必要なのか、必要ではないのか。「創る」領域においても良心は課題である(第15章「人工知能と良心」参照)。

二　欠落から考える脳――病態脳科学の立場

脳の理解、脳の疾患概念の基盤は一九世紀に形成された。ブローカ医師は発語がうまくいかない患者の脳を調べる機会があり、左の脳の一部が障害されていることが共通していることから、左の脳の一部に言語の機能を司る領域があることを提唱した。言語の機能異常に関しては、ブローカが報告した発語が主に障害されるものと異なり、言語理解が障害されるものもウェルニッケにより報告され、了解と発語に関わる領域が異なることも示された。臨床神経学という領域は、このような脳の障害に伴う症状を観察し、その病変を死後の病理学的検索によって明らかにするという方法論で、脳の正常機能に必要な脳の領域を明らかにした。このような脳の異常によると思われる患者の詳しい観察から、運動障害によって体の動きが悪くなるパーキンソン病や、異常な動き(不随意運動)を生ずるハンチントン病などの概念も、一九世紀に形成された。後者は遺伝によって脳の病気が生ずることを示す点でも重要な発見であった。一九世紀末から二〇世紀初めにかけて、パーキンソン病や代表的な認知症状を示す疾患であるアルツハイマー病の病理学的特徴が明らかにされる。この段階で顕微鏡観察によって特殊な病理所見を見出すことができるようになり、臨床と病理が結合した臨床病理学的疾患概念が形成されるようになっていく。この疾患認識過程を整理すると、(1)症状に特異、特徴的なものがある、(2)脳にその症状に対応する特異的な領域の病変があり、その領域の機能欠落が症状を起こす、(3)顕微鏡レベルで特異的な病変が認められることがある、(4)遺伝によって同じような疾患を引き起こすことがある、といった事実に気づかされる。こういった疾患の認識過程は現在ではさらに発展し、遺伝子と疾患の関係でいえば、変異遺伝子を持てば一〇〇パーセント発症する疾患から、あるタイプの遺伝子を持っていても、発症のリスクは上がるが、必ずしも発症するわけではない危険因子とよばれるものまであるという認識に至っている。

脳の疾患のなかでも精神疾患は、必ずしもその病態の解明がこのようには進んでいない。その原因は疾患の概念、正常との区別があまり明確になり得ないことによる。たとえば精神疾患において有名な統合失調症についても精神科医によって捉え方が異なっていたりして、診断が一定しないため、「精神障害の診断と統計マニュアル」(DSM)といった診断の規格化がなされてきた。このような規格化によってある程度、疾患を正常から分けることが可能になったとしても、精神疾患では脳の萎縮や異常な病理は死後脳の解析でもはっきりしたものを見出せないできた。

このような精神疾患と脳神経疾患との違いを考慮したとき、良心に対してその欠落からのアプローチは可能なのであろうか。

三　脳科学の発展——良心の欠落の評価から良心形成メカニズムの同定へ

前節で一九世紀に脳神経疾患の概念や病理学的な特徴が分かってきたことを紹介したが、この点では「人格を変える」ような出来事が脳の障害によって起こることも一九世紀に見出されている。フィネアス・ゲージという患者のケースでは、鉄道工事に関わる事故で鉄の棒が脳を貫き、それまで真面目な性格でしっかりした人であったが、事故後、性格が大きく変化し、以前の仕事もできなくなり、その棒と一緒に見世物的な活動によって生計を立てるようになったといわれている。その鉄棒は前頭葉を破壊したので、この性格変化を引き起こしたのは前頭葉損傷によるためだろうと考えられた。ただこの患者に関しては、かなり伝説化されていて、事故前後の変化がきちんと把握されているわけではないので、前頭葉損傷が人格変化を引き起こすという仮説をもたらしたと評価するにとどめ、その後の「良心」へのアプローチを見ていこう。

もし「良心」を科学的対象として扱いたいのであれば、「良心度」のようなものを評点できないと、対象化は困難である。まして良心的活動は社会によって評価にも違いがある可能性があるので、ポジティブに評価するのは難しい。これに比し、良心がない状態を評価するのは容易だろう。良心がないために犯罪を犯すとの考えから、良心のない状態を評価したのが、犯罪心理学者ロバート・ヘアである。ヘアの邦訳本『診断名サイコパス』の英文題名は Without Conscience であり、まさに良心の欠落である。ヘアは犯罪者の反社会性などをサイコパステストとして評価した。内容的には自己中心性、共感の欠落、衝動性、反社会性などに関わる評価であるが、このような評価尺度を用いることで、良心の欠落度を評価した上で脳を調べていくことが可能となる。評価をしておいて、他の疾患と同様に亡くなったあと脳を調べるということも可能であろうが、現実的ではない。

一方、脳のサイズを見るというようなことであれば、現在は核磁気共鳴画像（ＭＲＩ）の精度がかなり高い。最近では初期の認知症でも、海馬の萎縮などを同定することも可能となってきている。エイドリアン・レインは神経犯罪学という領域を確立した。反社会性の人格異常を持つ集団と対照群をＭＲＩを用いて比較すると、前者のほうでは前頭前皮質といわれる領域が一一％少ないことが分かった。実はこのレベルの異常は肉眼的には判断しがたいが、現在の画像処理技術を用いると判定可能である。それではこのような前頭前皮質の減少がどのような影響をもたらすのか。アントニオ・ダマシオらは前頭前皮質に損傷を受けている患者の認知、情動、行動の特徴を解析した。情動に関しては、腹側前頭前皮質に損傷を受けた患者は事故や四肢切断などの情動をゆさぶるような画像を見せても、皮膚電気反応システムの発汗反応が見られなくなる。認知機能においても、的外れな判断を下す。健常者は上記の皮膚電気反応で示される発汗反応において、リスクのある判断をするときに反応を示すが、腹側前頭前皮質に障害のある患者ではこのような反応が認められない。このことはサイコパスの人がこのような情動反応を起こさず、非良心的行動を行えることと関連している可能性がある。新島襄の言うように良心が全身に充満しうるかどうかは別として、我々は皮膚反応を含む全身で良心的であるかどうかを判断している可能性がある。

脳の構造異常に関しては現段階ではＭＲＩが一番解像度が良いと思われるが、脳の機能異常を見るという観点では脳の代謝を検出するＰＥＴ（陽電子放射断層撮影）、機能性ＭＲＩ（ｆＭＲＩ）がそれぞれ様々な機能面を検出しやすくしている。ＰＥＴによって犯罪者の脳を解析すると、前頭前皮質の代謝不全が見られることが多い。これは解剖学的にも同部位が減少しているのと対応して、脳活動が減少していることを示唆している。しかし、問題なのは、連続殺人犯などでこのような脳機能異常が見られず、活動がかえって豊富な例も見出されることである。そのようなケースではむしろ前頭前皮質が機能することにより、逮捕を免れるといった能力を発揮しているのではないかと解釈されている。ＰＥＴは解剖学的な解像度はそれほど良くないため、前頭前皮質の細かい機能変化は現段階ではそれほど評価できない。これに比して、ｆＭＲＩは解剖学的な解像度も時間的な解像度も良いため、課題に応じた脳活動などの判定も可能になる。ｆＭＲＩを用いることで、道徳的な課題に対して脳がどのように反応するかも判断できるようになり、その反応の程度の評価も可能となってきている。最近では脳の神経細胞間を結んでいる線維の解剖学的な連絡の可視化も可能となり、一方で脳の部位間機能的関連性も評価できるようになってきている。このような機能的な結合まで評価できるようになってきたことで、もし良心の欠落に対する治療が開発されれば、その治療効果の評価が可能となることが示唆される。この点をもう少し論じてみよう。

四　脳の可塑性――異常脳の治療は妥当か？

脳の特徴として強調すべきは可塑性といわれる現象である。神経活動によって神経細胞間のシナプスの結合が強化されることなどが知られている。瞑想など一種の修行で脳の構造レベルの変化が起こることも報告されている。もし良心の欠如が脳の一部の機能異常によるものであるとすると、その機能を正常化することによって、脳をより良心的に活動する方向に変えることができる可能性もある。実際外部からは磁気刺激法（ＴＭＳ）や経頭蓋直流電気刺激法（ｔＤＣＳ）などで脳のある領域を持続刺激することも可能になってきている。もし前頭前皮質の機能異常が良心の欠如、良心的判断の欠如につながるのであれば、この部位をTMSやtDCSによって刺激することによって、良心を取り戻せるのであろうか。否、もっと直接的に、最近では深部脳刺激法で脳を刺激することも可能であり、実験的ではあるがオプトジェネティクスという手法によって光刺激で神経細胞を活動させることも可能となってきている。かつてロボトミーという手法で脳を切断し、精神病患者がおとなしくなったということを「治療」と見なした時代があった(第12章「医療と良心」参照)。現在では患者の人権を無視した行為と批判されているが、非外科的な治療が可能となりつつあるとき、上記のような新たな治療可能性が「良心を育てる」行為として正当化されるだろうか。

本章では十分な議論をしていないが、二〇世紀から二一世紀にかけて脳の疾患の遺伝的基盤が続々と明らかになり、その物質的基盤が解明されてきた。遺伝子異常と疾患との結びつきの解明は、家族性の発症がはっきりしていれば、さほど困難なことではなくなってきている。一方、その遺伝子異常があっても必ずしも発症するとは限らない、危険因子といわれる遺伝子も存在する。MAO－A(モノアミンオキシダーゼA)はカテコールアミンの脱アミノ化を促進する酵素で、その遺伝子のプロモーター領域に多型が存在し、2Rは犯罪、暴力の引き起こしやすさと関連し、MAO－A酵素の発現が低いといわれる。MAO－A酵素が低下している人は扁桃体や辺縁系の脳の大きさが減少しているという。このような遺伝的危険因子に、幼児期の虐待などの因子が加わると、反社会的な行為を引き起こすという説もある。虐待を抑制するような社会的対応が必要なのか、MAO－Aが低くなる遺伝子を持っている人に補充療法をすることは可能なのか。そもそも良心が全身に充満することが必要なのか。今問いかけが必要となっている。

まとめ

・良心を脳の機能としてとらえることが可能となりつつある。
・良心を知る、育む、守る、創るといった新たな研究ストラテジーが必要である。
・脳を基盤とした「良心」がコントロール可能になっていく可能性とその問題点を考える必要がある。

〈さらに学ぶために〉

ロバート・D・ヘア『診断名サイコパス――身近にひそむ異常人格者たち』小林宏明訳、ハヤカワ文庫、二〇〇〇年。著者は犯罪心理学者で、異常殺人者に共通するある傾向、サイコパス傾向に気づき、その評価基準を開発。サイコパスの特徴を、さまざまな症例を紹介して、提示している。サイコパスは元来本書のように犯罪者の心理学的特性を定義したものであり、現在の精神医学の診断基準DSMでは反社会性パーソナリティ障害とされている。ところが後述のファロンやダットンの本によって示唆されているように、サイコパスの心理特性の一部は反社会性を持っていない人にもあり、かえって社会的成功者にも認められることから、最近サイコパスの概念拡大が行われてきている。筆者は良心の欠落をサイコパスからとらえようと考えているので、本章で扱ったサイコパスの特性の中核は反社会性である。

エイドリアン・レイン『暴力の解剖学――神経犯罪学への招待』高橋洋訳、紀伊國屋書店、二〇一五年。神経犯罪学という領域を確立した著者がまとめたこの領域の全体像を見渡せるような解説書である。脳の異常から遺伝、環境との関連などを含めて最先端の知見をまとめており、原著論文も挙げているので、本格的に学びたい人には最適。

ジェームス・ファロン『サイコパス・インサイド――ある神経科学者の脳の謎への旅』影山任佐訳、金剛出版、二〇一五年。サイコパス研究者がコントロール（対照例）としてとった自分の脳画像にサイコパスの「異常」を見出した。なぜだ?ということで、自分の家系を含めて科学者の立場でとらえ直していったところは立派。

ケヴィン・ダットン『サイコパス――秘められた能力』小林由香利訳、NHK出版、二〇一三年。著者はテレビ番組「白熱教室」にも登場したオクスフォード大学教授。犯罪者との関係だけでとらえられやすいサイコパス概念を社会で成功する一つの能力としてとらえ直す。進化や多様性を考える意味でも重要。

金井良太『脳に刻まれたモラルの起源――人はなぜ善を求めるのか』岩波書店、二〇一三年。副題に「人はなぜ善を求めるのか」とあるように、モラルもまた良心と密接につながっている。社会との関係で脳がどう反応するかを比較的簡単にまとめてあるので、この領域についてざっと見渡すには良い本だろう。

第14章　心理学と良心

武藤 崇

「心理学と良心との関係とは何か」を問われた場合、多くの人が、道徳心や罪悪感などに関する心理学的アプローチを思い浮かべるだろう。しかし、本章では、良心と心理学の関係を「良心」の原義にまで立ち返って検討していくことにしよう。西洋概念としての良心の原義は「共に知る」である。そして、本書の「総説」でも述べられているように、「共に」の他者が、内なる他者(自己)や、超越的他者(神)となった場合、その意味は「意識(自覚)的になる」と近いものになってくる。実は、近年の心理学において、この「意識的になる」ということが大きなトピックになっている。そのトピックが「マインドフルネス」(mindfulness)である。

東洋思想(特に仏教)におけるマインドフルネスという概念は、パーリ語の「サティ」(sati)に由来する(漢語では「念」と訳される)。その主な意味は「気づき」である。ただし、この「気づき」という意味には、能動的なニュアンスが含まれる。つまり、ただ漠然と気づくことではない。そして、東洋由来のマインドフルネスの定義のうちで最も有名なものは、臨床心理学者のJ・カバットジンによる「ある特別な方法で注意を払うこと：意図的に、今この瞬間に、そして判断することなく(paying attention in a particular way: on purpose, in the present moment, and nonjudgmentally)」である。さらに、このマインドフルネスを向上させる方法が瞑想(meditation)であるとされている。

一方、西洋由来のマインドフルネスは、マインドレスネス(mindlessness)の「補集合」として定義されてきた。社会心理学者のE・J・ランガーによれば、マインドレスネスとは、①ことばのカテゴリーによるとらわれ(固定観念に縛られる)、②自動化された行為(無自覚に習慣的な反応をしてしまう)、③単一の視点だけからの行動(一つのルールしか存在していないように振る舞う)、というものである(『心の「とらわれ」にサヨナラする心理学――人生は「マインドフルネス」でいこう!』加藤諦三訳、PHP研究所、二〇〇九年)。つまり、この文脈でのマインドフルネスは、オープンな観点から、複眼的にものごとを判断し、それに基づき、意識的に行動する、という意味になるだろう。さらに、このマインドフルネスを向上させる方法は、瞑想だけではなく、科学的な思考を身につけることでもよい、とされている(マリア・コニコヴァ『シャーロック・ホームズの思考術』日暮雅道訳、ハヤカワ・ノンフィクション文庫、二〇一六年)。なぜなら、無自覚なバイアス(偏った見方)を排して、現象をありのままに観察して(ときには、実験をして)、その結果(事実)に基づいて論理的に判断するというプロセスこそが、科学的思考だからである(そもそもconscience(良心)のスペルには、science(科学)が含まれている)。

一　マインドフルネスを適切に応用する

マインドフルネスに基づく科学的な心理療法

意外にも、近年の科学的な臨床心理学では、上記のマインドフルネスのうち、東洋思想に基づくマインドフルネスが応用された。なぜなら、従来使用されてきた西洋的な発想に基づく援助方法では、心理的な問題が解決しないどころか、場合によっては、その問題が維持・悪化してしまう事態が生じていたからである。ここでの西洋的な発想とは「問題があったら、まずその問題を分析し、次にその分析に基づき解決策を講じて、その結果、その問題から抜け出すことを目指す」というものである。この発想に基づく代表的なアプローチは、現代の医療であると言えるだろう。その証拠に、東洋思想に基づくマインドフルネスの応用の試みは、一九七〇年代末に、当時の精神科医療では改善の見込みのなかった慢性化した痛み(慢性疼痛)に対して初めて行われたのである。その臨床プログラムは、現在「マインドフルネスストレス低減法」と呼ばれる科学的な心理療法である。

マインドフルネス・ブームに「マインドフル」になる

二〇〇〇年代に入ると、マインドフルネスの応用は、臨床領域に留まらず、一般的なメンタルヘルス領域へと拡大していった。さらに、二〇一〇年代には、有名IT企業内でマインドフルネスの研修が恒常的に実施されたり、米国の有名雑誌『タイム』に「マインドフル革命」という特集が組まれたりするようになり、急速に大衆化していくこととなった。その結果、マインドフルネスがまるで「万能薬」であるかのようにみなされるようになり、マインドフルネスと銘打った便乗商品などが多数出回るようになった。皮肉にも、マインドフルネスに対して、マインドレスネスな状態が生まれてしまっている。

このような状況で、重要な役割を果たすものこそが、西洋由来のマインドフルネスである。つまり、客観的証拠(エビデンス)に基づいた科学的な方法によって、その効能を冷静に評価していくことである。具体的には、厳密な研究計画に基づいて、多数の研究参加者に対して実験を行い、統計的な分析を行って、その効果を検証し、このような実験的な知見を蓄積していく、という方法である(第12章「医療と良心」参照)。

二〇一七年現在、客観的証拠に基づいた「マインドフルネスに基づく科学的な心理療法」の評価は、①繰り返し同じこと(多くの場合、ネガティブな内容)を考え続けてしまう習慣がある人が、②不安やうつ気分が強い状態にあり、③一週間一回で八週間の集団プログラムに参加して、マインドフルネス技法を日々トレーニングする(日常生活でも一日一時間程度の練習をすることも含む)ことによってはじめて、明確な効果が期待できる、と要約できる(Khoury et al. (2013). Mindfulness-based therapy: A comprehensive meta-analysis. *Clinical Psychology Review*, 33, 763–771)。つまり、このような条件が揃わなければ、マインドフルネスの効能は保証されない(多くの場合、その効果は低くなる)ということである。残念ながら、マインドフルネス関連の便乗商品は概ね、あまり効果は期待できない、と言えるだろう(ただし、ユーザーの満足度は、必ずしも、その効果と相関しない場合もある)。

二　マインドフルネスを「アクセプタンスとコミットメント」で補う

マインドフルネスは「両刃の剣」

臨床領域においても、マインドフルネスの効果を疑問視する動きが出てきている。たとえば、当初適用されていた慢性疼痛に対して、マインドフルネスストレス低減法の「追試」(別の研究者が同じ手続きで、その効果を実験的に検証すること)が繰り返された結果、その援助方法には期待されるほどの効果がない、ということがわかってきたからである。さらに、痛みそのものに対してマインドフルになることで、逆に痛みを増大させてしまうことも、近年の脳科学の知見によって明確になってきた(この場合、マインドフルになるべきは、痛みに関連する「感情」でなければならない。Bushnell et al. (2013). Cognitive and emotional control of pain and its disruption in chronic pain. *Nature Reviews Neuroscience*, 14, 502–511)。そのメカニズムは、①伝達に関係する神経回路は痛みと感情とで異なり、②それぞれの回路を使用すればするほど感受性が高まる、また、③その回路が使用され続けると、その回路上の脳の特定部位がダメージを受ける、一方、④その回路を使用しなければ、神経可塑性という脳の特性によって、脳のダメージが回復し、痛みや感情の感受性が低くなる、というものである（第13章「脳科学と良心」参照）。つまり、マインドフルネスは、痛みに関連する感情を増幅させないことに「一役買っているだけ」であると考えられる。裏を返せば、マインドフルネスとは、何かに注意を払うことであるため、それをトレーニングすれば、その注目対象がどうしても痛みに向いてしまいやすくなる。まさに痛みの緩和に関して言えば、マインドフルネスは「両刃の剣」なのである。

アクセプタンスとコミットメントがなぜ必要なのか

心理的問題を抱える患者のなかには、「病気や問題を抱えている」ということを言い訳にして、具体的に有効なアクションをせずに、逃げたり、避けたりする（先延ばしすることなども含む）人がいる。たとえ、マインドフルネスの訓練（主に瞑想）によって、自分の思考や感情に対して「気づく」ことができるようになっても、具体的な問題解決につながる行動が実際に生じなければ、その効果は一時的なものとなってしまう（あるいは再び、元に戻ってしまう）のである。そこで、マインドフルネスを補う方法として、アクセプタンス＆コミットメント・セラピー（ＡＣＴ）と呼ばれる科学的な心理療法がある。この療法は、先述した西洋由来のマインドフルネスが注目した「ことばによるとらわれ」を改善することを主な目的としている。また、ＡＣＴのスタンスを端的に述べるのに、以下の「ニーバーの祈り」が援用されることが多い（第6章「社会福祉と良心」参照）。

神よ。変えることのできるものについて、それを変えるだけの勇気をわれらに与えたまえ。変えることのできないものについては、それを受けいれるだけの冷静さを与えたまえ。そして、変えることのできるものと、変えることのできないものとを識別する知恵を与えたまえ。

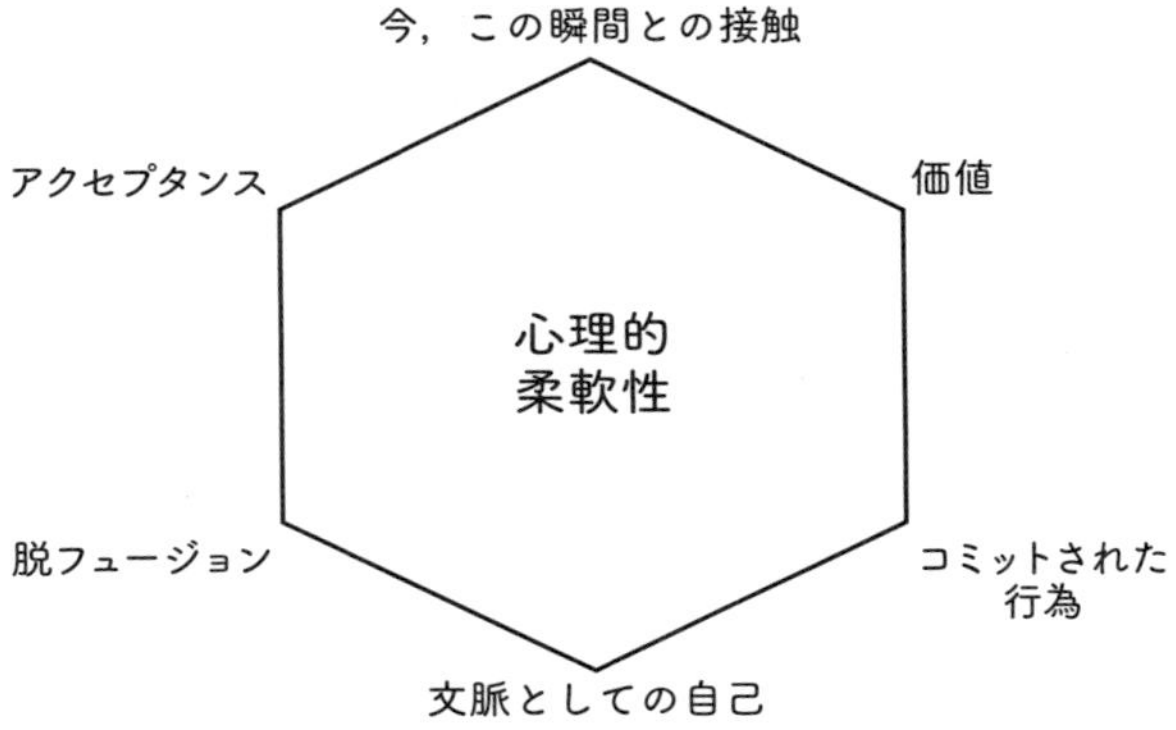

ACTにおける心理的柔軟性モデル(Hayes et al., 2011)

具体的には、ACTは「心理的柔軟性」という六つのプロセスから構成されるモデルで表される。「アクセプタンス」とは、ウィリングネス(willingness)とも呼ばれ、嫌悪的な思考、感情、身体感覚などの心理的体験を避けたり、取り除こうとしたりせずに、意図的に「抱える」ことである。「脱フュージョン」とは、思考を額面通り(字義通り)に受け取ってしまうという傾向を減少させ、思考自体を現在進行中のプロセスとして体験することである。「今、この瞬間との接触」とは、過去や未来に関する思考にとらわれずに、現在進行中の内的・外的体験に注意を向けたり、記述したりすることである。「文脈としての自己」とは、「自分は～である」といった自己概念にとらわれずに、単なる「視座」として自己を捉えることである。「価値」とは、進行中の行動が持っているポジティブな質(ただし、物質的なものではない)を言語化したもののことである。「コミットされた行為」とは、同定された価値に基づいた具体的なアクションを持続的に生起させ続けることである。たとえば、他者を愛するという価値は、他者とかかわるという行為の中に反映されている(第1章「キリスト教と良心」参照)。

三 科学、宗教そして哲学との間の再対話
——蘇る「ウィリアム・ジェイムズ」

以上のように、マインドフルネスをめぐる応用は、科学と宗教とが相互に交わる「アリーナ」における問題と言えるかもしれない。なぜなら、科学によって、従来の宗教が持っている有用性のみを教義的な要素を抜いて応用する試みとして捉えることができるからである。しかし、その試みは、ややもすると、特定の宗教や宗派のアピール戦略に回収されていったり、逆に、そのスタイルを模倣するだけの単なる臨床的なテクニックとして陳腐化したりしている。このような両極のはざまで絶妙なバランスを取りながら、対人援助に関するより有用な方法を創出するには、どのような新しいアイディアが必要だろうか。

実は、このようなジレンマの解決に腐心した人物が、約一〇〇年前にも存在していた。その人物とは、米国心理学の祖であるウィリアム・ジェイムズである。そして、このジレンマ解決のために援用されたのが、プラグマティズムという哲学であった(『プラグマティズム』桝田啓三郎訳、岩波文庫、一九五七年)。実際に『プラグマティズム』という彼の代表的な著書では、その両極は「繊細なこころ」(tender-minded)と「強靭なこころ」(tough-minded)と呼ばれている(日本語の古語的なニュアンスで翻訳すれば「たおやめぶり」と「ますらおぶり」ということになろうか)。前者が宗教(原理によるもの)、後者が科学(事実によるもの)に相当している。

先述したように、ウィリアム・ジェイムズが活躍していたのは、今から約一〇〇年前のことである。しかし、私たちは、彼が直面したジレンマに、「一周回って」再び立ち戻ることとなった。つまり、「たこ壺

化」してしまっている様々な学域が再び対話・実践しなければならない。一〇〇年後に蘇ったウィリアム・ジェイムズたちの集う場所、それが「良心学」である。

「良心学というアリーナへ、ようこそ」

まとめ

・「良心」の原義は「共に知る」であり、換言すれば「意識的になる」ことである。

・「意識的になる」というトピックは、近年の心理学において「マインドフルネス」と呼ばれている。

・マインドフルネスには、東洋由来のものと西洋由来のものがあり、その応用は、東洋由来の概念がまず援用され、その後、西洋由来の概念で検討されることとなった。

・マインドフルネスの臨床的応用における効能は、現時点においても、限定的であることに注意を要する。その効能を向上させるには、アクセプタンスとコミットメントが必要である。

・マインドフルネスの研究は、一〇〇年前のウィリアム・ジェイムズによる研究（哲学、宗教、科学の学際研究）のスタンスをモデルにできるかもしれない。

〈さらに学ぶために〉

スティーブン・C・ヘイズ＆スペンサー・ザビエル・スミス『ACT（アクセプタンス＆コミットメント・セラピー）をはじめる――セルフヘルプのためのワークブック』武藤崇・原井宏明・吉岡昌子・岡嶋美代訳、

星和書店、二〇一〇年。実際の臨床場面でも使用されるACTのワークブックである。ACTを体験的に学ぶためにも有用なものである。

ジョン・カバットジン『マインドフルネスストレス低減法』春木豊訳、北大路書房、二〇〇七年。臨床領域に初めてマインドフルネスを応用したカバットジンによる著書。本訳書の初版は一九九三年(二〇〇七年に復刻された)。マインドフルネス瞑想の実践方法、瞑想によるストレス対処方法、健康と癒しに対する新しいパラダイムという三部構成になっている。

大谷彰『マインドフルネス入門講義』金剛出版、二〇一四年。マインドフルネスに関する知識を網羅的に知ることができる。マインドフルネスを、その定義・背景、科学的根拠、臨床技法とその適用範囲という三部構成によって解説している。

スティーヴン・C・ロウ『ウィリアム・ジェイムズ入門——賢く生きる哲学』本田理恵訳、日本教文社、一九九八年。ウィリアム・ジェイムズの全体像をおおまかに知ることができる。ウィリアム・ジェイムズの生涯およびその思想、各著作に関する短いブック・レビューという二部構成になっている。

第15章　人工知能と良心

廣安知之

人工知能(Artificial Intelligence＝ＡＩ)とは、ヒトの知能そのものをもつ人工物もしくはヒトが知能を使って行う処理を行う機械のことを指す。二〇一〇年代の中頃から始まった第三期ＡＩブームは、これまでのブームとは異なり、研究者だけではなく一般人の関心も大いに集め過熱ぶりがすさまじい。ＡＩという単語が人々に受け入れられやすく、マスコミやマーケティングにおいて、容易に使いやすくなったのもその一因であろう。スマホという形でセンサーと簡易な計算機が身近に存在し、インターネットという形でネットワークが形成され、クラウドという形で知らないところで大規模に計算処理が可能となったため、一般の人がＡＩによる恩恵や変化を直に感じることができるようになり、その土壌が形成された。

ＡＩを搭載したシステムがプロの将棋棋士に勝利し、家の中をお掃除ロボットが走り回り、無人の自動車が街を走ろうとしている。そして、ヴァーナー・ヴィンジは、この進歩がさらに加速していけば、いつかＡＩを搭載した人工物はヒトを超越した知性を獲得し、人工的な知能が爆発的に発展するのではないかと予測した。その先では、自然界におけるヒトの位置づけや自立性が大きく変化すると感じる人もいるであろう。

これらの大きな変化は特異点と呼ばれ、特に最近ではシンギュラリティ(技術的特異点)と呼ばれている。

レイ・カールツワイルはシンギュラリティが最速で二〇四五年に訪れると予測している。これまでにシンギュラリティが訪れた後の世界を描いたＳＦや映画などの影響もあり、ＡＩがヒトに危害を与えるのではないか、尊厳を脅かすのではないか、ヒトが行ってきた職業を奪うのではないかという不安が顕在化している。そのため、将来のＡＩがどのような姿であるべきなのか、ＡＩの持つべき倫理観について議論されることも多くなった。ＡＩは、将来、ヒトを脅かし、ヒトとの共存を拒むのであろうか。そうならないためには、良心はどのような役割を担うのであろうか。それを考えるのは今である。

一　人工知能の開発とブームの変遷

最初のＡＩブーム

ＡＩは突然降ってわいた技術ではなく、長い年月を経て開発され現在に至っている。そのため、地道にＡＩに関する研究を進めてきた研究者の中には現在のブームに戸惑っている者も少なくない。

人工知能（ＡＩ）という単語が初めて使われたのは、一九五六年に開催されたダートマス会議と呼ばれるワークショップであると言われている。これは筆者の想像であるが、第二次世界大戦が終わり、傷ついた世界が復興を見せ、同時にコンピュータもこれから進化していくことが予想され、この分野の研究者は大きな高揚感を持っていた時期であろう。ハーバート・サイモンらは、「一〇年以内にデジタルコンピュータは新しい重要な数学の定理を発見し証明する」と述べ、さらに「二〇年以内にヒトができることは何でも機械でできるようになるだろう」とも述べたと言われている。人工知能の父とも言われるマービン・ミンスキーでさえ、「一世代のうちに、ＡＩを生み出す問題のほとんどは解決されるだろう」と述べたとのことである。計算機やＡＩに大きな期待があったことがうかがえる。現在になっても機械やコンピュータが全てのことに対応できるわけではなく、問題が解決されているわけでもない。単純なことでもその組み合わせが多いと組み合わせ爆発が起こり、計算機の能力はそれほど高くなかったために処理が難しいことが明らかとなった。七〇年代に入りＡＩへの期待は一旦冷めたかに見えた。

第二期そして現在のAIブーム

盛り返しを見せたのが八〇年代である。様々な経験や知識をif-then形式で記述するエキスパートシステムの構築が試みられ「知識の時代」と呼ばれた。日本でもヒトの知能を超えるＡＩの構築が目標とされた「第五世代コンピュータ」プロジェクトが立ち上がり、莫大な国費が投入された。同志社大学でも知識工学科と名付けられた情報系の学科が新設された。このように一大ブームを巻き起こしたＡＩであるが、再びそのブームが頓挫した。必要な知識の記述が膨大すぎるといったような困難さが明確になったのだ。例えば医者の知識に限った技術でも完全に網羅できない状況であった。ＡＩのブームは再度、冬の時代に突入する。しかしながら、重要なのは、その間でも技術の進歩が停止していたわけではなく、確実に進歩していたことである。計算機のハードウェア、ソフトウェアの進展、データベースの開発、アルゴリズムの開発、ネットワークの利用の進展、オープンソースの普及、モバイル端末の利用の促進など、冬の時代と呼ばれていた間に、様々な技術に革新が見られたのだ。ＩＢＭのディープ・ブルーというマシンがチェスのチャンピオンを倒し、グーグルのアルファゴ(碁)は碁のチャンピオンを倒した。

そしていよいよ、現在の第三期のＡＩブームに突入する。これは二〇一〇年代の中頃に始まり、そこで中心となった技術は、「ディープ・ラーニング」と呼ばれる大量のデータ処理によって学習を行う「機械学習」の技術である。

二　人工知能を作り出すのは「ヒト」

現在、我々はＡＩの第三期ブームのまっただ中にいる。テレビ・新聞を始めとするマスコミで「人工知能」(ＡＩ)という単語を見ない日はなくなった。しかし、これはマーケティング用語として定着し、我々がある種のあおりを受けているからでもある。ＡＩの定義は難しい。一方で、パソコンを利用したり、ある種の計算手順(アルゴリズム)を利用したりするようなＩＣＴ(情報通信技術)に関連するすべてをＡＩと呼んだり、ロボットに関わる事象すべてをＡＩと呼んだりすることも珍しくない。もちろんこれらの表現は行き過ぎである。ジョン・サールは「強いＡＩ」と「弱いＡＩ」という用語を用いている。強いＡＩはヒトの全認知能力を有し、自律的に振る舞うことが可能なＡＩのことである。一方で、強いＡＩほどの能力は必要とせずに問題解決や推論を行うのが弱いＡＩである。チェスや碁、将棋で勝利するＡＩは後者の弱いＡＩである。それに対して、強いＡＩの実現はなかなかに困難である。残念ながらマスコミを通じて我々が目にするＡＩの多くが単なるＩＣＴの利用であり、ＡＩとも呼べない場合が多い。ＡＩと呼べるものがあったとしても、弱いＡＩの範疇に入るものである。しかしながら現在のＩＣＴでも非常に複雑な問題を解決しており、ＡＩの発展が急速であるために、強いＡＩの実現が間近ではないか、シンギュラリティの到来が近いと錯覚してしまう。そのため、ＡＩによって、これまでヒトが行ってきた仕事が奪われるのではないかといった不安が生じ、強いＡＩの実現に向けた倫理の問題が取り上げられるようになってきた。

これを受けて、人工知能学会では二〇一四年にＡＩに関連する研究や技術と社会との関わりを検討し発信していくことを目的とした倫理委員会が設立された。米国ホワイトハウスは「人工知能の未来に備える」(Preparing for the Future of Artificial Intelligence)というレポートを発表した。各学会、機関ともに倫理委員会や研究会を立ち上げ意見表明を始めている。

これに対して、筆者は、強いＡＩは、次の二つの理由からそう簡単には実現しないと考えている。第一に、ＡＩは所詮、人工物であるという点である。ヒトにはその存在に何らかの意義や目的があろう。しかし、特定の目的を持ってヒトが作られているわけではない。一方、人工物は人工であるために、製造の目的や条件を定義せざるを得ない。すなわち、どうしても人工的に作られる知能は弱いＡＩとなることになる。

第二に、強いＡＩを達成するために必要なアルゴリズムの開発が未だに提案されていない。地点ＡとＢがありその点の高度はわかっているとしよう。区間Ａ—Ｂ内の高度はこの二点の高度から推測される。Ａ—Ｂ内の地点の高度がさらにわかれば未知の点の推測される高度の精度は向上する。ヒトは、ある経験を行うとそれらの経験を基に未知の経験を予測することができる。この予測が経験の内部であれば、機械であってもそれは可能である。これを内挿探索と呼ぶ。一方、ヒトはある経験の内部だけでなく、外部も予測することができる。世界中の異性に出会わなくともパートナーを選択することができるし、自分の天職を探すことができる。これは外挿探索である。評価を環境に合わせて動的に変化させることができるなど多くの課題がそこにはあり、現状ではＡＩは外挿探索が苦手である。

弱いＡＩは弱くない

しかし、弱いＡＩは名前に「弱い」が付いているからといって、その能力は弱くはない。特に、内挿探索においては大きな強みを発揮する。チェスや囲碁などのアルゴリズムにおいては、ＡＩ同士が対戦することにより経験を積み、内挿の既知の点を自身で増やすことができる。これにより、内挿探索の精度が飛躍的に向上し、これまでヒトが気づかなかった、探せなかった解も見つけることができるようになる。ヒトのヒトらしい作業は外挿探索に現れる。しかしながら、外挿探索を行う能力は、内挿探索の積み上げから育成されると考えられる。地道に内挿探索の能力をあげることでしか外挿探索の能力は獲得できない。

問題になるのが、内挿探索の能力を獲得中に、機械と違ってヒトは音を上げてしまうことがあるということである。機械は、いくら作業をさせても音を上げない。この場合、十分な外挿探索の能力が獲得できず、内挿探索の能力では、弱いＡＩに競り負けてしまうという状況に陥る。弱いＡＩが、ヒトらしい活動領域に踏み込むにはもう少し時間がかかると考えられるが、ヒトの方がＡＩが可能な処理しかできない状態になってしまう可能性がある。

弱いＡＩの良心

弱いＡＩがヒトの生活や社会の仕組みを変えないわけではない点には、留意が必要である。他の人工物と同様に弱いＡＩも利用者によって、賢い使い方もできれば悪意のある使い方も可能である。特に、弱いＡＩにおいては、領域内の経験やデータを増やすことにより、内挿探索の精度が向上する。軍事利用への転用や莫大なデータの利用については慎重を期すべきであり、それを利用するヒトは、他の人工物の利用と同様に、良心をもって取り扱わなければならない（第11章「科学技術と良心」、第13章「脳科学と良心」参照）。

先に述べた通り、弱いＡＩは人工物であるために、その設計の際にも十分に留意する必要がある。経済学者の小島寛之は、その著書で、エコに目覚めた歌手の例を示している。ある歌手のファンの一人はタクシー運転手である。ある日、その歌手はエコに目覚めてこれまで利用していたタクシーの利用をやめることにした。そのため運転手は収入が減り、歌手のライブに参加できなくなった。それが歌手の経済状態をも悪くするというたとえである（さらなる経済問題については、第7章「経済学と良心」参照）。目先の目標だけにターゲットを当てると様々な部分に波及し、あげくの果てには自分にも負の影響を与えかねない。

また、今後のＡＩの開発においては様々な技術が複合的に利用されるであろう。例えばセキュリティの設計や設定が悪く個人の情報が漏洩してしまい、悪用されてしまうという可能性もある。研究や勉強を行って慎重に考慮しておけば避けられるのに、研究や勉強が行われなかったために生じる不具合も今後多く見られるであろう。それらを行わなかったＡＩの設計者は悪気があったわけではない。勉強しなかっただけである。十分に考えなかっただけである。悪いことを行わないというだけでなく、慎重にすべてを行うことがＡＩの開発者には必要であろう。それこそが必要な良心なのかもしれない。

三　アンドロイドは良心を持った羊の夢をみるか

ある部屋にヒトを座らせる。見えない別の部屋に別のヒトを座らせる。それらのヒトが電話なり、チャットなりでやりとりをする。実は一方の部屋にいたのが機械だった場合、この機械は「人工知能」（ＡＩ）を有した機械であると言える。これがアラン・チューリングの導入したＡＩの能力のテストとして有名な「チューリングテスト」である。

強いＡＩにしろ、弱いＡＩにしろ、ＡＩの開発の進展は「ヒト」の再定義を迫っている。前節でＡＩは内挿探索に優れていると述べた。将棋や囲碁はすでにヒトを凌駕するレベルである。すでに終了したプロジェクトであるが、東京大学の入試をＡＩに解かせ入学可能なレベルまで引き上げる「人工知能・東ロボくん」プロジェクトがあった。東大入試合格は二〇一六年に諦めるのであるが、多くの私立大学の合格レベルには達していた。

チューリングテストにパスするのが、ヒトであり、ＡＩであるならば、チューリングテストにパスしないヒトはヒトでないのであろうか。この問題は、ＡＩがヒトの持つ知能に近づいたかどうかを定量的に判断すればするほど顕在化する危ない問題である。一義的に定義してしまうと、ヒトは必ず「人工物」であるＡＩと同等もしくはそれ以下に定義されてしまう。すなわち、これらの定義を必要とする社会では、ヒトと将来のＡＩとの共存が難しいと言える。

それに対して、日本は案外にヒトとＡＩとの共存が容易な社会であるかもしれない。九〇年代に発表された「攻殻機動隊」というマンガ・アニメでは、ヒト、人工知能的なパーツを搭載したヒト、サイボーグ、アンドロイドが共存する世界が描かれている。そこではどれがヒトでどれがアンドロイドかという点は主眼ではなく、自然にすべての存在が受け入れられやりとりが行われている。その世界観は問題なく日本において受け入れられた。ソニーが最近になって再発売したアイボという犬型ロボットの一〇年以上前の製品を未だに愛する人が日本に多いことも同様であろう。映画「スター・ウォーズ」は、日本の文化を大いに反映している映画であるとも言えるが、そこでも、ヒトの姿からかけ離れた宇宙人、ロボット、アンドロイドが自然に共存している世界が描かれている。将来、ＡＩを受け入れる社会になるためには、このような文化が必要なのであろうか。

ヒトらしさの特徴の一つに「良心」を持つことがあるならば、ＡＩがヒトに近づくためには、「良心」をいかにして持たせるかの議論も必要であろう。マンガ「人造人間キカイダー」は、七〇年代の作品であるが、すでに主人公の機械に良心回路を持たせることが議論されている。その搭載された良心回路は不完全であり、それを成長させるようにする努力が必要であるとも述べられている。これは、ピノキオがヒトに成長していく際に良心が重要なキーワードとなっているのと同様である。多種多様な存在を受け入れ、共通理解できる良心の存在は必須なのかもしれない。

まとめ

・人工知能（AI）は、一九五〇年代後半にその単語が生まれ技術が発展してきた。現在、第三期のブームのまっただ中である。
・AIには、「強いAI」と「弱いAI」がある。強いAIはヒトの全認知能力を有し、自律的に振る舞うことが可能なAIのことであり、特別な問題の解決を行うのが弱いAIである。
・近年の技術の発展により、強いAIの出現が期待される。また、その出現により起こりうる問題についても議論が行われている。しかしながら、強いAIの出現はまだまだ先のことであろう。
・現在考えなければならないのは、AIを構築するもしくは利用するヒトの良心である。
・日本では案外にヒトとAIとの共存が容易な社会となる可能性がある。

〈さらに学ぶために〉

松尾豊『人工知能は人間を超えるか――ディープラーニングの先にあるもの』角川EPUB選書、二〇一五年。現在のAIブームの中で注目されていること、議論となっていることについて知りたい人に最初の一冊として適した解説書。平易な文体で簡単に読める。

ジャン＝ガブリエル・ガナシア『そろそろ、人工知能の真実を話そう』伊藤直子監訳、小林重裕ほか訳、二〇一七年。ＡＩに関連する事項を丁寧に解説すると同時に、少し離れたところから現在のブームについて考察している。特にシンギュラリティに対しては批判している。

三宅陽一郎・森川幸人『絵でわかる人工知能――明日使いたくなるキーワード68』ＳＢクリエイティブ、二〇一六年。ＡＩの技術を俯瞰するのに適した入門書。ＡＩの技術は多岐にわたるが、わかりやすく要点を押さえることができる。

和田喜彦（わだ・よしひこ）
同志社大学経済学部教授．専門：エコロジー経済学．主著：*For Our Common Home: Process-Relational Responses to Laudato Si'* (共著), Process Century Press, 2015.

北 寿郎（きた・としろう）
同志社大学名誉教授．専門：イノベーションマネジメント．主著：『ケースブック　京都モデル――そのダイナミズムとイノベーション・マネジメント』(共編著)，白桃書房，2009 年．

下楠昌哉（しもくす・まさや）
同志社大学文学部教授，体育会柔道部部長．専門：英文学．主著：『妖精のアイルランド――「取り替え子」の文学史』平凡社新書，2005 年．

林田 明（はやしだ・あきら）
同志社大学理工学部教授．専門：地球科学．主著：『東アジアのレス-古土壌と旧石器編年』(共著)，雄山閣，2008 年．

櫻井芳雄（さくらい・よしお）
同志社大学大学院脳科学研究科教授．専門：システム脳科学．主著：『脳と機械をつないでみたら――BMI から見えてきた』岩波書店，2013 年．

貫名信行（ぬきな・のぶゆき）
元・同志社大学大学院脳科学研究科教授．専門：病態脳科学．主著：『脳神経疾患の分子病態と治療への展開』(共編著)，羊土社，2007 年．

武藤 崇（むとう・たかし）
同志社大学心理学部教授．専門：臨床心理学．主著：『55 歳からのアクセプタンス＆コミットメント・セラピー(ACT)――超高齢化社会のための認知行動療法の新展開』(編著)，ratik，2017 年．

廣安知之（ひろやす・ともゆき）
同志社大学生命医科学部教授．専門：システム工学．主著：人工知能学会編『人工知能学大事典』(共著)，共立出版．2017 年．

執筆者一覧

小原克博(こはら・かつひろ)
同志社大学神学部教授，良心学研究センター長．専門：キリスト教思想・宗教倫理．主著：『一神教とは何か――キリスト教，ユダヤ教，イスラームを知るために』平凡社新書，2018 年．

中村信博(なかむら・のぶひろ)
同志社女子大学学芸学部教授．専門：聖書とメディア文化史．主著：『新共同訳　旧約聖書注解 I』(共著)，日本基督教団出版局，1996 年．

内藤正典(ないとう・まさのり)
同志社大学大学院グローバル・スタディーズ研究科教授．専門：現代イスラーム地域研究．主著：『となりのイスラム――世界の 3 人に 1 人がイスラム教徒になる時代』ミシマ社，2016 年．

ライナ・シュルツァ(Rainer Schulzer)
東洋大学情報連携学部准教授．専門：比較倫理学．主著：*Inoue Enryō: A Philosophical Portrait*, SUNY, 2018.

深谷 格(ふかや・いたる)
同志社大学大学院司法研究科教授．専門：民法学．主著：『相殺の構造と機能』成文堂，2013 年．

伊藤彌彦(いとう・やひこ)
同志社大学名誉教授．専門：日本政治思想史．主著：『維新と人心』東京大学出版会，1999 年．

木原活信(きはら・かつのぶ)
同志社大学社会学部教授．専門：社会福祉学．主著：『J. アダムズの社会福祉実践思想の研究』川島書店，1998 年．

八木 匡(やぎ・ただし)
同志社大学経済学部教授．専門：経済学．主著：*The Kyoto Manifesto for Global Economics: The Platform of Community, Humanity, and Spirituality* (共著), Springer, 2018.

良心学入門

2018年7月25日　第1刷発行
2022年4月26日　第3刷発行

編　者　同志社大学 良心学研究センター

発行者　坂本政謙

発行所　株式会社 岩波書店
〒101-8002 東京都千代田区一ツ橋2-5-5
電話案内 03-5210-4000
https://www.iwanami.co.jp/

印刷・三秀舎　製本・松岳社

ISBN 978-4-00-025578-3　　Printed in Japan

新島襄　教育宗教論集　同志社編　岩波文庫　定価九二四円

新島襄の手紙　同志社編　岩波文庫　定価一一二二円

職業としての科学　佐藤文隆　岩波新書　定価八三六円

良心から科学を考える
―パンデミック時代への視座―
同志社大学良心学研究センター編　四六判一八二頁　定価一七六〇円

高校倫理の古典でまなぶ
哲学トレーニング1
人間を理解する
直江清隆編　四六判二〇六頁　定価一三二〇円

高校倫理の古典でまなぶ
哲学トレーニング2
社会を考える
直江清隆編　四六判二二〇頁　定価一三二〇円